Collins

CSEC®
Spanish
WORKBOOK

T0321866

Charonne Prosser

William Collins' dream of knowledge for all began with the publication of his first book in 1819.
A self-educated mill worker, he not only enriched millions of lives, but also founded a flourishing publishing house. Today, staying true to this spirit, Collins books are packed with inspiration, innovation and practical expertise. They place you at the centre of a world of possibility and give you exactly what you need to explore it.

Collins. Freedom to teach.

Published by Collins
An imprint of HarperCollins*Publishers*
The News Building
1 London Bridge Street
London
SE1 9GF

HarperCollins*Publishers* Macken House
39/40 Mayor Street Upper
Dublin 1
DO1 C9W8
Ireland

Browse the complete Collins catalogue at
www.collins.co.uk

© HarperCollins*Publishers* Limited 2020

10 9 8 7 6 5 4 3 2

ISBN 978-0-00-830157-6

British Library Cataloguing-in-Publication Data

A catalogue record for this publication is available from the British Library.

Author: Charonne Prosser
Commissioning editor: Lucy Cooper
Series editor and content consultant: Tracy Traynor
Content editors: Paulina Carlos Muro and Sinda López Fuentes
Cover illustrator: Maria Herbert-Liew
Cover designers: Gordon MacGilp and Kevin Robbins
Typesetter: Ken Vail Graphic Design Ltd
Production controller: Lyndsey Rogers
Printed and bound by Ashford Colour Press Ltd

The publishers gratefully acknowledge the permission granted to reproduce the copyright material in this book. Every effort has been made to trace copyright holders and to obtain their permission for the use of copyright material. The publishers will gladly receive any information enabling them to rectify any error or omission at the first opportunity.

Contents

1.1 En mi familia hay ...

1 ¿Quién eres? Lee las descripciones y escribe.

Gabriel
Somos cinco en mi familia: mi padre, mi madrastra, mi hermano y mi hermanastra. Mi padre se llama Enrique y tiene 38 años. No tenemos mascotas.

Félix
Vivo con mis abuelos y mi madre. Soy hijo único. Mi madre se llama Alicia y tiene 44 años. Tenemos un conejo y un gato.

Noa
Hay seis personas en mi familia: mis padres, mis dos hermanas y mi hermano mayor. Mis hermanas son gemelas y tienen 12 años.

Elena
Tengo 16 años y soy la hija menor de mis padres que se llaman Consuela y Alfonso. Tengo dos hermanos mayores. Sergio tiene 21 años y Felipe tiene 19 años. Tenemos dos perros.

1 Tengo una hermana menor y un hermano mayor que se llama Sergio.
   <u>Eres Felipe, el hermano de Elena.</u>

2 Vivo con mis padres y mi hijo. _____

3 Vivo con mi padrastro y mis hermanastros. _____

4 Mi mujer se llama Consuela. _____

5 Vivo con mis padres, mi hermano, mi hermana mayor y mi hermana gemela.
   _____

6 Tengo un gato y vivo con mi marido, mi hija y mi nieto.
   _____

7 Tengo dos hijos y vivo con mi mujer y su hija. _____

8 Tengo tres hermanos. _____

2 Túrnate con tu compañero/a. Pregunta y contesta.

- Su madre tiene 44 años.
- Es Félix.
- Verdad.

3 Completa las frases con la parte apropiada del verbo *ser*.

1 Nosotros _____ seis en mi familia.

2 Antonella _____ hija única.

3 ¿Ustedes _____ gemelos?

4 ¿Tienes hermanos? ¿_____ hijo único?

5 _____ cuatro en su familia.

6 Tengo dos hermanos mayores. _____ el hijo menor.

4 Escribe 30–40 palabras sobre tu familia. Usa las descripciones de la Actividad 1 para ayudarte.

_____
_____
_____
_____

→ Gramática: A3 **ser** SB p. 229

1.2 ¡Ven a mi casa!

1 ¿Dónde está? Lee y escribe las plantas correctas.

Olivia

¡Hola! Me llamo Olivia. Vivo en una casa muy moderna con mis padres. Hay tres plantas: en la primera planta hay un garaje y el dormitorio de mis padres. En la segunda, tengo mi dormitorio y el baño. Mi dormitorio es amplio y acogedor. En la tercera planta, hay una cocina grande y una sala comedor.

Lucía

Soy Lucía. Vivo con mis padres y mis hermanos en un apartamento pequeño de dos plantas. Vivimos en la cuarta planta de un conjunto grande. Solo hay dos dormitorios en la segunda planta. En la primera planta hay una cocina bastante antigua y el baño es feo. Pero hay un balcón soleado.

Daniel

Me llamo Daniel y vivo con mi familia en una casa de campo de dos plantas. En la primera planta, hay una cocina, un lavabo y una sala grande. En la segunda hay dos dormitorios, un baño y el cuarto de estudio de mi madre. Además tenemos un jardín bonito con muchas plantas, árboles y flores.

1 el cuarto de estudio de la madre de Daniel   _la segunda planta_ _____

2 el baño de Lucía   _____

3 la sala comedor de Olivia   _____

4 el dormitorio de Lucía   _____

5 el dormitorio de los padres de Olivia   _____

6 el lavabo de Daniel   _____

2 Lee los textos de la Actividad 1 otra vez. Lee las frases y escribe V (verdadero), F (falso) o NM (no mencionado). Corrige las frases falsas.

1 Daniel tiene dos hermanas.   _____

2 Olivia tiene un dormitorio grande.   _____

3 Daniel vive en un apartamento de dos plantas.   _____

4 El apartamento de Lucía está en un conjunto grande.   _____

5 La cocina de Olivia está arriba.   _____

6 El apartamento de Lucía no tiene sala.   _____

7 Olivia tiene un jardín grande.   _____

8 El baño de Lucía es bonito.   _____

3 Completa las frases con los adjetivos apropiados.

1 Hay un jardín (big) _____ con árboles (beautiful) _____ y flores (small) _____.

2 Abajo hay un garaje, una cocina (old) _____ y un lavabo (ugly) _____.

3 Mi dormitorio es (welcoming) _____ y (sunny) _____.

4 Las casas son (new) _____ y (modern) _____.

5 Vivo en la (second) _____ planta de un conjunto (old) _____.

6 El balcón es (spacious) _____ pero las habitaciones son (small) _____.

4 Completa el texto con los verbos en la forma correcta.

> quedarse bañarse relajarse despertarse ponerse
> acostarse levantarse vestirse

Me llamo Tadeo. Vivo con mis padres en un apartamento grande y esta es mi rutina diaria. Normalmente, **1**_____ a las seis, **2**_____ y antes de desayunar, **3**_____ y **4**_____ el uniforme. Después de volver del colegio, **5**_____ un poco antes de hacer las tareas. **6**_____ sobre las once. Los fines de semana, **7**_____ en la cama más tarde, **8**_____ y salgo con mis amigos.

5 Pon la rutina diaria de Damián en orden.

a En el colegio come algo a las once. ☐

b Antes de acostarse, se relaja un poco y habla con sus amigos. ☐

c Todos los días Damián se despierta a las siete y cuarto. `1`

d Se viste y desayuna. ☐

e Antes de vestirse se baña. ☐

f Después de volver del colegio, hace las tareas. ☐

g Antes de bañarse, se levanta. ☐

h Se duerme sobre las once y media. ☐

i Después de desayunar, se va al colegio. ☐

6 Túrnate con tu compañero/a. Pregunta y contesta sobre la rutina diaria de Tadeo y Damián de las Actividades 4 y 5.

- ¿A qué hora se levanta/se acuesta …?
- ¿Qué hace … después/antes de …?
- ¿Qué hace los fines de semana/normalmente?

7 Escribe un párrafo sobre tu casa y tu rutina diaria. Incluye:

- con quién vives
- adjetivos para describir las habitaciones
- lo que haces normalmente/el fin de semana
- algo sobre la rutina diaria de tus padres

_____
_____
_____
_____
_____

→ Gramática: A4 *verbos reflexivos* SB pp. 229–230

1.3 Con la familia

1 **Escribe cada frase en el orden correcto.**

1 carro que Tengo lavar el _____

2 aspiradora pasar Suelo la _____

3 saco los basura días la Todos _____

4 cama Antes salir hago de la _____

5 A perro suelo veces pasear al _____

6 de tiene desayunar llenar hermano el Después mi que lavaplatos

_____

7 dormitorio arreglar tengo mi Siempre que

_____

2 **Cambia las frases afirmativas a negativas.**

1 Tengo que cortar el pasto. (tampoco)

_____

2 Hace la cama y quita la mesa. (ni … ni)

_____

3 Mi hermano plancha la ropa. (nunca)

_____

4 Ayudo a sacar la basura. (no)

_____

5 Tenemos que llenar el lavaplatos. (nunca)

_____

6 Paseo al perro y paso la aspiradora. (ni … ni)

_____

3 **Túrnate con tu compañero/a.**
Pregunta y contesta sobre las tareas.

- ¿Qué tiene que/suele hacer
  Martina/Santiago?

- ¿Con qué frecuencia corta el
  pasto/pasea al perro…?

Martina
Todos los días
Hacer la cama
Sacar la basura
Una vez a la semana
Recoger el dormitorio
A veces
Pasear al perro

Santiago
Todos los días
Pasar la aspiradora
Llenar el lavaplatos
Una vez a la semana
Cortar el pasto
A veces
Planchar la ropa

4 **Escribe cuatro frases sobre lo que haces tú para ayudar en casa.**
Di con qué frecuencia haces las tareas.

_____

_____

_____

_____

5 **Escoge las palabras apropiadas.**

1 **Me / Se / Nos** llevo bien con mi hermanastra.

2 Sus abuelos se **pelean / pelea / peleo** mucho.

3 Nos **conozco / conozca / conocemos** muy bien.

4 **Te / Se / Les** divierten cuando están con sus padres.

5 Mis padres se **quiere / quieren / queremos**.

6 Me **parezco / parezca / parezcan** mucho a mi hermano.

7 No se **lleva / llevas / llevamos** muy bien con su familia.

8 Sus amigos siempre se **apoyamos / apoya / apoyan**.

6 **Lee y escribe los adjetivos posesivos correctos: *mi, mis, tu, tus, su* o *sus*.**

Asunto: ¿Qué tal?

Me llamo Lucas y tengo 15 años. Somos seis en **1** _____ familia. Vivo con
2 _____ dos hermanos, mi madre, mi padrastro y **3** _____ hermanastra.
Me llevo muy bien con **4** _____ padrastro porque tenemos el mismo sentido de
humor. A veces **5** _____ hermanastra y yo nos peleamos porque nunca recoge
6 _____ dormitorio. Nunca hace **7** _____ tareas. ¡Estoy harto!

Me parezco mucho a mi madre. Me apoya siempre y nos queremos mucho. **8** _____
mejor amigo se llama Esteban y siempre nos divertimos juntos. Se lleva muy bien con
9 _____ familia.

Escríbeme sobre tu familia. ¿Te llevas bien con **10** _____ padres? ¿Y **11** _____
mejor amigo/a?

7 **Lee el texto de la Actividad 6 otra vez. Contesta las preguntas.**

1 ¿Con quién se lleva bien Lucas y por qué? _____

2 ¿Por qué se pelea Lucas con su hermanastra? _____

3 ¿A quién se parece Lucas? _____

4 ¿Cómo se llama su mejor amigo? _____

5 ¿Cómo se lleva Esteban con su familia? _____

8 **Eres Natalia/Nicolás. Escribe un párrafo sobre tu familia respondiendo a las preguntas de Lucas en la Actividad 6.**

_____

_____

_____

_____

_____

_____

| Natalia/Nicolás 16 años |
| madre ✓✓ |
| una hermana mayor ✓✗ |
| dos hermanos menores ✓ |
| mejor amigo Diego |

_____

_____

_____

→ Gramática A5 *verbos reflexivos* SB pp. 229–230; A6 *adjetivos posesivos* SB pp.
227–228

1.4 Dónde vivo

1 ¿Quién es? Lee y escoge Álvaro o Maite.

Álvaro
Vivimos en un apartamento en el centro de Ciudad de la Costa, una ciudad al este de Montevideo, la capital de Uruguay. Tenemos muchas playas muy bonitas y además, hay muchos hoteles. Vivo en la quinta planta de un conjunto nuevo con vistas estupendas al mar. Me gusta mucho vivir aquí aunque estamos bastante cerca del aeropuerto.

Maite
Vivo en una casa de campo en el País Vasco, al norte de España. Es un lugar muy tranquilo con muchos bosques, campos y ríos. No me gusta mucho vivir en el campo. No hay nada que hacer. La casa es muy antigua y estamos aislados. Prefiero vivir en una ciudad.

1 Vive cerca del capital de su país. **Álvaro / Maite**

2 No vive en un apartamento. **Álvaro / Maite**

3 Alrededor no hay rascacielos. **Álvaro / Maite**

4 Le gusta la playa. **Álvaro / Maite**

5 Su casa no es nueva. **Álvaro / Maite**

6 Hay mucha gente alrededor. **Álvaro / Maite**

7 Le gusta vivir allí. **Álvaro / Maite**

8 Cree que es un lugar aburrido. **Álvaro / Maite**

2 Túrnate con tu compañero/a. Eres Álvaro o Maite. Pregunta y contesta.

- ¿Dónde vives?
- ¿Dónde está tu pueblo/tu ciudad?
- ¿Cómo es tu pueblo/ciudad?
- ¿Qué hay cerca de tu casa/tu apartamento?

3 Empareja las preguntas y las respuestas.

1 ¡Hola! ¿Cómo estás?

2 ¿De dónde eres?

3 ¿Cuándo es tu cumpleaños?

4 ¿Cómo es tu casa?

5 ¿Dónde estás en este momento?

6 ¿Qué hora es?

7 ¿Dónde está Lima?

8 ¿Qué hay cerca de tu casa?

a Es moderna, cómoda y práctica.

b Estoy en el polideportivo.

c Es el 25 de abril.

d Estoy muy bien, gracias.

e Son las diez y media.

f Hay montañas y campos.

g Soy de Colombia.

h Está en el oeste.

4 Túrnate con tu compañero/a. Pregunta y contesta las preguntas de la Actividad 3. Luego pregunta y contesta con tus propias respuestas.

5 *¿Ser o estar?* Escribe las formas correctas del verbo apropiado.

1 Mi casa _____ en el sur del país.

2 Nosotros _____ muy contentos de vivir aquí.

3 Su apartamento _____ muy acogedor.

4 Juan y Daniel _____ buenos amigos.

5 La casa de campo _____ en el centro de la ciudad.

6 ¿Dónde estás? _____ en la playa.

7 Yo _____ el padre de Marisol.

8 ¿Cuántas personas hay en tu familia? _____ cuatro.

6 Lee y escribe las palabras que faltan.

¡Hola! 1 _____ Gabriela. Vivo con 2 _____
familia en una pequeña 3 _____ en las afueras de Buenos Aires,
la capital de Argentina. 4 _____ cinco en mi familia: mi padre, mi
madre, mi hermana mayor y mi abuela. Buenos Aires es una ciudad grande con
5 _____ edificios antiguos y bonitos. Las personas que
6 _____ en Buenos Aires se llaman porteños.

Mi casa tiene dos 7 _____: en la planta de arriba hay tres
8 _____ y el baño. 9 _____ hay una cocina
amplia y la sala comedor. Además, tenemos un jardín y un garaje.

Me gusta mucho mi ciudad 10 _____ tiene de todo: parques
bonitos, el río, el palacio. No quiero vivir en otro sitio.

7 Escribe sobre dónde vives. Usa el texto de la Actividad 6 para ayudarte.

_____

_____

_____

_____

_____

_____

_____

_____

8 Habla con un compañero/a. ¿Cuándo se usan estas exclamaciones?

¡Qué bonito!   ¡Qué rico!   ¡Dios mío!   ¡A ver!   ¡Qué asco!   ¡Ay!

➜ Gramática: A5 *ser/estar* SB p. 229

1.5 Mi barrio

1 Descifra los sitios y escríbelos en el lugar correcto.

> sumoe   torate   nice   canisip   naboc   díapenara   quarpe
> cremailoc onterc   camerod   prdovitliopoe   repodusremac   jocera ámotociaut

un _____

_____

una _____

_____

2 Lee y escribe S (Sara), P (Paula) o F (Fernando).

Sara
Vivo en un pueblo pequeño cerca de las montañas. Vivo con mis padres, mis abuelos y mi hermano menor. Mi casa es grande con cinco dormitorios, dos baños y una cocina soleada y amplia donde paso mucho tiempo. Me llevo bien con mis padres pero nos peleamos a veces. Lo malo de mi pueblo es que no hay nada que hacer para los jóvenes. No tiene nada: ni cine, ni polideportivo tampoco. Lo bueno es la tranquilidad y las vistas hermosas de las montañas, pero me aburro mucho.

Paula
Vivo en una gran ciudad al sur de mi país que se llama Villa Hermosa. La ciudad tiene de todo: un centro comercial, parques, museos, teatros, y una piscina al aire libre. Vivo con mi madre y mis hermanas. Tengo una hermana mayor que tiene 18 años y otra menor que tiene 12 años. Nos divertimos mucho juntas. El fin de semana nos gusta levantarnos tarde e ir al polideportivo. Lo bueno de mi ciudad es que tiene muchas tiendas modernas y un gran mercado. Lo malo es que hay mucho ruido y demasiado tráfico.

Fernando
Vivo en las afueras de una ciudad al norte del capital de mi país. Vivimos en un apartamento moderno en la cuarta planta de un edificio grande cerca de la estación. Somos tres en mi familia: mi padre, mi hermanastra y yo. Mi padre me apoya mucho si necesito ayuda. Lo bueno de mi ciudad es que tiene dos polideportivos con campos de fútbol y piscinas. Lo malo es el tráfico. Tengo que levantarme muy temprano por la mañana para ir al colegio.

1 Me gusta levantarme tarde los fines de semana. _____
2 Me gusta jugar al fútbol. _____
3 Mis hermanas son mis amigas. _____
4 Quiero vivir en otro sitio. _____
5 Mi padre y yo nunca nos peleamos. _____
6 Mi habitación favorita es la cocina. _____
7 Me gusta ir de compras. _____
8 Se puede hacer muchos deportes en mi ciudad. _____

3 Hablar: Juego de roles

> **Estás hablando por teléfono con tu nuevo/a amigo/a mexicano/a sobre su familia y pueblo.**
>
> Estudiante: Tú mismo/misma
>
> Profesor(a): El amigo/La amiga
>
> El profesor/La profesora empieza el juego de roles.
>
> Responde a todas las preguntas.

4 Hablar: Conversación

> El profesor/La profesora empieza la conversación.
>
> Responde a todas las preguntas.

5 Escribir

Cómo vivo

Escribe a tu amigo/amiga español(a) sobre tu vida.

- ¿Cómo es tu casa?
- ¿Cuál es tu rutina diaria?
- ¿Cómo te llevas con tu familia?
- Describe lo bueno y lo malo de donde vives.

Escribe 80–90 palabras **en español**.

_____

_____

_____

_____

_____

_____

_____

_____

_____

> Read the Role play card carefully so that you can prepare as effectively as possible. Make sure you know what roles both you and your teacher are playing. Then look at the topics (here *familia* and *pueblo*). Think carefully about what you are likely to be asked in this context, and what vocabulary and structures you can use in response. Run through phrases and sentences in your head in preparation. This approach will get you ready to understand what your teacher asks and help you respond appropriately.

2 La vida escolar

2.1 Mis estudios

1 Lee y completa el horario con la asignatura apropiada.

	lunes	martes	miércoles	jueves	viernes
8.30–9.25	matemáticas	3 _____	lengua	inglés	5 _____
9.25–10.20	lengua	matemáticas	inglés	ciencias	lengua
10.20–11.15	1 _____	historia	ciencias	historia	francés
recreo					
11.45–12.40	música	lengua	geografía	educación física	matemáticas
12.40–13.35	inglés	ciencias	tecnología	4 _____	tecnología
13.35–14.30	2 _____	arte	educación física	lengua	6 _____

¡Hola! Me llamo Susana y soy estudiante en el Colegio San José. Estoy en el cuarto año de secundaria. Mis clases empiezan a las ocho y media. Tenemos seis asignaturas al día y cada clase dura cincuenta minutos. Estudio diez asignaturas. Mis asignaturas favoritas son las matemáticas y las ciencias. No me gustan nada la geografía ni la música. ¡Qué aburridas! Las clases terminan a las dos y media, cuando vuelvo a casa para comer y hacer las tareas.

El lunes por la mañana tengo geografía y al final del día tengo tecnología. ¡No es un buen día! La primera asignatura que estudio los martes es francés. Tengo matemáticas todos los días con la excepción del miércoles. Un buen día para mi es el viernes porque empezamos con ciencias y al fin del día tenemos educación física.

2 Lee el texto otra vez. Marca las frases que son falsas y corrígelas.

1 Susana es estudiante en un colegio de primaria.

_____

2 Las clases terminan a las ocho y media. _____

3 Tiene diez clases al día. _____

4 Le gustan las matemáticas. _____

5 Su asignatura favorita es la música. _____

6 Come y hace sus tareas después de volver a casa.

_____

7 Un mal día para ella es el lunes. _____

8 Estudia matemáticas cuatro veces a la semana. _____

9 Su día favorito es el jueves porque empieza con ciencias.

_____

3 Túrnate con tu compañero/a. Pregunta y contesta sobre el horario de Susana.

- ● ¿A qué hora tiene Susana matemáticas el martes?
- – Tiene matemáticas a las nueve y veinticinco.
- ● ¿Qué estudia como tercera asignatura los jueves?
- – Historia.

4 Escribe las frases con los adjetivos en la forma correcta en el lugar apropiado.

1 Hace muchos años que nos conocemos. Es un amigo. (grande)

_____

2 Tengo muy notas en mis exámenes. (malo) _____

3 Los laboratorios están en la planta. (segundo) _____

4 La próxima semana tenemos el examen de inglés. (primero)

_____

5 ¿Hay bus que va directo al colegio? (alguno) _____

6 Mi colegio es bastante moderno. Tiene instalaciones. (bueno)

_____

7 No hay portátil libre para hacer mis tareas. (ninguno)

_____

8 Me gusta mucho la educación física y el colegio tiene un gimnasio. (bueno)

_____

5 Escribe los verbos en el presente continuo.

1 ¿Qué (hacer – ustedes) _____?

2 Mis profes (hablar) _____ y (beber) _____ café en la sala de profes.

3 Yo (estudiar) _____ matemáticas para el examen del martes. ¡Qué aburrido!

4 Nosotros (leer) _____ sobre los volcanes para las tareas de geografía. ¡Silencio!

5 El equipo de fútbol (jugar) _____ un partido importante.

6 Tú (escribir) _____ los verbos en el presente continuo.

7 Marco y Julia (comer) _____ un sándwich en el comedor. ¡Qué rico!

8 Usted (preparar) _____ el horario para el curso que viene.

6 Escribe un párrafo sobre el horario de Ángel. Usa el texto de la Actividad 1 para ayudarte.

Colegio San Marco 3°
Horas   lunes ☺

8.40–9.30	historia
9.30–10.20	arte
recreo	
10.50–11.40	matemáticas
11.40–12.30	lengua
12.30–13.20	geografía
13.20–14.10	inglés

☺ arte, música, lengua
☹ ciencias, educación física
ahora: dormitorio, tareas

_____
_____
_____
_____

→ Gramática: A4 _adjetivos_ SB pp. 226–227; A5 _presente continuo_ SB p. 230

2.2 ¿Qué te gusta y qué no te gusta?

1 **Empareja las descripciones con los aspectos de la vida escolar.**

1   Tengo que sacar buenas notas. ¡Hay mucho que repasar!   _____

2   Me llevo bien con la mayoría de ellos. Pasamos muchas horas al día juntos.   _____

3   Tenemos dos al día: uno a las diez y diez y el otro a las doce y media.   _____

4   No paso mucho tiempo allí porque me aburre la educación física.   _____

5   Algunos son muy estrictos pero a veces nos hacen reír en clase.   _____

6   Suelo hacerlas en la biblioteca después del colegio.   _____

7   No tenemos que llevarlo. ¡Qué suerte! Normalmente me visto de bluejeans.   _____

8   Si te gustan las ciencias, tenemos buenas instalaciones para experimentar.   _____

a   las tareas   e   el recreo

b   el gimnasio   f   los laboratorios

c   los exámenes   g   los compañeros de clase

d   el uniforme   h   los profes

2 **Escribe cuatro frases sobre los aspectos mencionados en la Actividad 1.**

_____

_____

_____

_____

3 **Lee el diálogo. ¿Qué asignatura enseñan los profes? ¿Por qué les gustan los profes?**

● ¿Quiénes son sus profes favoritos, chicos?

① Pues, a mi me gusta mucho la señora Peliche. Mantiene los laboratorios muy organizados y sus experimentos son muy divertidos.

② A ver… el señor Dujardin habla muy bien y aprendemos mucho sobre su país, la comida, … Me gustaría visitar París algún día.

③ Me parece que el mejor profe es el señor Gutiérrez. Es agradable y no me aburre nunca. Estamos estudiando la Segunda Guerra Mundial – es muy interesante saber más sobre el pasado.

④ La señorita Acosta no nos pone demasiadas tareas. La semana que viene tengo que dar una presentación sobre las montañas y los ríos.

⑤ Mi profe favorita es la señora Del Olmo. Es fuerte en muchos deportes: fútbol, tenis, voleibol.

_____

_____

_____

_____

4 **Túrnate con tu compañero/a. Habla de tus profes.**

2.3 Al salir de clase

1 **Empareja cada joven con la actividad apropiada.**

1 Quiero hacer algo para tener más confianza en mí mismo y superar la timidez. ☐

2 Prefiero participar en deportes en equipo. Ya soy miembro de un equipo de fútbol. ☐

3 Me gusta pasar tiempo al aire libre. ☐

4 Necesito relajarme y eliminar el estrés de los exámenes. ☐

5 Me interesan mucho las artes marciales. Practico el judo y quiero aprender otra cosa. ☐

6 Soy muy deportista: me encanta correr. ☐

7 Lo que más me interesa es descifrar un problema. Me gusta concentrarme. ☐

8 Me gusta estar activo pero no me interesan los deportes. Quiero hacer una
actividad cultural. ☐

a el baile   e el club de debate

b el atletismo   g el club de jardinería

c el voleibol   f el yoga

d el ajedrez   h el karate

2 **Escribe cada frase en el orden correcto.**

1 haciendo yoga estoy relajarme para _____

2 profe puerta el está por la saliendo _____

3 útiles conectar para idiomas países de son gente otros con los

_____

4 hermano las fútbol al mi dos tardes de horas por juega

_____

5 ?¿ mañana haces qué la por _____

6 divertido ajedrez el para es muy mí _____

7 padre deporte activo hacer mi para quiere más estar

_____

8 ¿? gimnasio dónde se por va al _____

3 **¿Por o para? ¿Porque o por qué? Escribe las palabras apropiadas.**

1 Prefiero hacer mis tareas _____ la tarde.

2 _____ mí lo bueno del colegio son las oportunidades de hacer deporte.

3 ¿_____ te interesa pintar?

4 Estoy estudiando _____ mejorar mis conocimientos del idioma.

5 Me gusta participar en los torneos regionales _____ me interesa ver otros colegios.

6 No me gustan mucho los deportes en equipo. _____ eso, no soy miembro del club de
básquetbol.

7 Me interesa el club de debate _____ me gusta saber más sobre los temas de hoy
en día.

4 **Túrnate con tu compañero/a. ¿Qué actividad te interesa de la Actividad 1? ¿Por qué?**

                    → Gramática: A2 & A3 *por/para* SB p. 235

5 **Lee y busca las frases en español.**

> Soy Catalina y estoy en 4° de secundaria en el Colegio San Luis. Es un colegio grande con   ✉ ⇨ 🗑
> más de 1000 alumnos. Estudio cuatro asignaturas obligatorias: matemáticas, lengua, inglés e
> historia. Mis asignaturas optativas son: religión, arte, música y francés. Lo bueno de mi colegio es que la
> mayoría de los profes son agradables y no te ponen demasiadas tareas. ¡Lo malo del colegio es que las
> instalaciones son antiguas y las duchas son frías!
> Después del cole me gusta hacer actividades extraescolares. Los lunes voy al club de jardinería porque me
> encanta estar al aire libre y cultivar las plantas y flores.
> Los martes suelo ir a clase de inglés después del colegio para mejorar mis conocimientos del idioma. Tengo
> malas notas en la clases y por eso necesito practicar más.
> Los miércoles siempre voy al club de voleibol. Me encanta hacer deporte en equipo y tenemos
> oportunidades de participar en torneos regionales.
> Los jueves me gusta ir a clase de pintura. Practicamos técnicas variadas y de vez en cuando vamos a una
> exposición.
> ¡Los viernes tengo que ir a clases de refuerzo para hacer todo el trabajo que no tuve tiempo para hacer!

1 with more than a thousand pupils _____

2 optional subjects _____

3 most teachers _____

4 the facilities are old _____

5 after-school activities _____

6 grow plants and flowers _____

7 therefore I need to practise more

_____

8 sometimes we go to an exhibition

_____

6 **Lee el texto otra vez y contesta las preguntas.**

1 ¿Cuántas asignaturas obligatorias estudia Catalina y cuáles son?

_____

2 ¿Qué es lo bueno de su colegio? _____

3 ¿Por qué le gusta el club de jardinería? _____

4 ¿Cuántas veces a la semana hace una actividad extraescolar? _____

5 ¿Le interesan las ciencias? ¿Por qué (no)? _____

6 ¿Por qué va a clases de inglés? _____

7 ¿Qué tipo de deporte le gusta hacer? _____

8 ¿Qué club hace el viernes y por qué? _____

7 **Escribe a Catalina. Escribe al menos 80 palabras. Menciona:**

● detalles de tu colegio

● tus actividades después del colegio

_____

_____

_____

_____

_____

2.4 Tú y tus amigos

1 **Empareja los adjetivos.**

1	gracioso	**b**	**a**	talkative
2	responsable		**b**	funny
3	loco		**c**	open
4	alegre		**d**	shy
5	listo		**e**	clever
6	hablador		**f**	crazy
7	animado		**g**	lazy
8	abierto		**h**	sociable
9	sociable		**i**	responsible
10	tímido		**j**	cheerful
11	perezoso		**k**	lively

2 **Empareja los antónimos (opposites) de algunos de los adjetivos de la Actividad 1.**

1 trabajador _____

2 insociable _____

3 serio _____

4 cerrado _____

5 tonto _____

6 triste _____

7 irresponsable _____

8 callado _____

3 **Lee y escribe el adjetivo que describe a estas personas.**

1 Mi mejor amigo se llama Daniel. Me hace reír y nos divertimos mucho juntos. _____

2 Mi padrastro no hace nada en casa. Nunca ayuda a mi madre con la tareas. _____

3 Me preocupa mucho mi hermana menor. No sale nunca ni habla con nadie. _____

4 Mi mejor amiga se llama Marisol. Nos conocemos hace años. Sabe de todo y siempre saca las notas más altas en los exámenes. _____

5 Mi hermano mayor tiene 19 años y trabaja en un hotel. Ayuda mucho a mis padres con el dinero y también ayuda en casa con las tareas. _____

4 Túrnate con tu compañero/a, pregunta y contesta sobre el carácter de gente famosa. ¿Están de acuerdo?

- ● ¿Qué te parece Malala Yousafzai?
- – Pues, es muy lista, responsable y alegre.
- ● Estoy de acuerdo pero parece un poco seria.

5 Lee y contesta las preguntas.

¡Hola! Me llamo Mateo y vivo en Salamanca, una ciudad al norte de España. Vivo aquí desde el 2008. Curso el año 4° de secundaria. Estoy estudiando diez asignaturas, incluyendo el arte y la tecnología. Hace cuatro años que las estudio. Después del colegio hago natación. Hace tres años que soy miembro de un club. Me gusta hacer natación porque me relaja y me quita el estrés. Mi mejor amigo se llama Juan y nos conocimos en el club. Es muy gracioso y alegre y además me apoya mucho.

1 ¿Dónde está Salamanca?

_____

2 ¿Desde cuándo vive Mateo en la ciudad?

_____

3 ¿Desde cuándo estudia Mateo arte?

_____

4 ¿Por qué le gusta a Mateo hacer natación?

_____

5 ¿Dónde es miembro de un club?

_____

6 ¿Dónde se conocieron Juan y Mateo?

_____

7 ¿Qué carácter tiene Juan?

_____

6 Escribe un párrafo sobre alguien que conoces: un miembro de tu familia, un/a amigo/a o un/a profesor/a.

_____
_____
_____
_____
_____
_____
_____

2.5 ¿Qué haces para ganar dinero?

1 ¿Quién hace qué trabajo? Escribe frases.

> dar clases particulares   trabajar en una heladería   cuidar mascotas
> trabajar de jardinero/a   ayudar en casa   trabajar de niñero/a

No me gusta nada mi trabajo. Tengo que lavar las copas de helado y las cucharillas y quitar las mesas. Nunca sirvo a los clientes así que no recibo propinas.
Gael

Tengo un trabajo divertido. Juego con los niños y hago mis tareas cuando se acuestan.
Dante

Me gusta mucho mi trabajo porque siempre estoy al aire libre. Lo malo son los perros que me asustan cuando estoy cuidando las plantas.
Juana

Mi trabajo es un poco aburrido. Paso todos los días estudiando y tres veces a la semana enseño matemáticas a los pequeños.
Luna

Tengo que hacer de todo: quitar la mesa, cortar el pasto, lavar los platos, pasar la aspiradora. ¡Qué aburrido!
Eduardo

Gael trabaja en una heladería.

_____

_____

_____

_____

_____

2 Escribe cuatro frases sobre el trabajo no mencionado de la Actividad 1.

_____

_____

_____

_____

3 Completa las frases con la forma correcta del verbo: *seguir* + gerundio.

1 ¿Ustedes (estudiar) _____ en la biblioteca hasta qué hora?

2 (trabajar) _____ porque quiero ganar dinero antes de ir a la universidad.

3 Mauricio (hacer) _____ karate aunque no tiene tiempo para practicarlo.

4 Mis hermanas (aprender) _____ idiomas porque les gusta intercambiar sus ideas y experiencias con gente de otros países.

5 ¿(leer) _____ el libro de poesía? ¿No te aburres?

→ Gramática: A3 *seguir* SB p. 51

Practice questions

4 **Hablar: Juego de roles**

> **Estás hablando sobre el colegio con tu amigo/amiga de intercambio.**
>
> Estudiante: Tú mismo/misma
>
> Profesor(a):   El amigo/La amiga
>
> El profesor/La profesora empieza el juego de roles.
>
> Responde a todas las preguntas.

5 **Hablar: Conversación**

> El profesor/La profesora empieza la conversación.
>
> Responde a todas las preguntas.

5 **Escribir**

La salud

Quieres mejorar la salud de tus compañeros/as. Escribe un artículo para la revista del colegio.

Escribe 130–140 palabras **en español**.

- ¿Cuáles son los beneficios de las actividades extraescolares?
- ¿Qué actividades se pueden hacer?
- ¿Cuál es tu opinión de los trabajos de medio tiempo?
- Explica la importancia de tus amigos.

_____

_____

_____

_____

_____

_____

_____

_____

_____

_____

_____

> Before you start writing, take a look at the bullet points and briefly plan what you're going to write for each one. This will save you time and keep you focused on the task.
> When you are checking your work at the end, look back at the bullet points. Make sure that you have covered each of them in your response.

3.1 ¿Qué comes?

1 Lee y escribe.

> Me parece que tengo una dieta bastante sana. Prefiero comer muchas verduras y frutas. Mi comida favorita es el desayuno. Suelo desayunar cereal, yogur, piña, frambuesas, fresas … ¡Soy adicta a la fruta! En cuanto a mi hermana gemela, Valentina, pues, creo que es un poco golosa. Le encantan las cosas dulces: los pasteles, los postres. Siempre desayuna unas galletas y una taza de chocolate. En este momento mis padres nos están preparando la cena: ensalada, pescado a la plancha y arroz con salsa picante. ¡Qué rico!
> **Gabriela**

> No me gusta desayunar. Me levanto muy temprano, sobre las cinco y media y no puedo comer nada. Normalmente, almuerzo a las doce: un sándwich de jamón o una sopa de tomate. No me gusta nada el pescado. ¡Qué asco! A la hora de comer, prefiero ir a algún restaurante para pedir el menú del día: ensalada, carne con papas, y fruta. Para mí, la comida más rica es la francesa. No puedo comer comida picante tal como la mexicana.
> **Paulo**

> Vivo en el norte de España con mis padres, pero somos de Colombia así que normalmente desayunamos cosas saladas como el calentado, que consiste en arroz y fríjoles. Creo que es un desayuno más sano que el español de cereal azucarado con chocolate caliente. De vez en cuando nos gusta salir a cenar. Prefiero comer la comida picante como la mexicana o la malaya. Mi cena favorita es el arroz con guisantes, chili y carne de cerdo. ¡Qué delicioso!
> **Leonardo**

1 ¿Quién desayuna arroz? _____

2 ¿Quién desayuna chocolate? _____

3 ¿A quién le gusta la comida picante? _____

4 ¿Quién va a cenar pescado? _____

5 ¿Quién prefiere la comida europea? _____

6 ¿Quién tiene una dieta poco saludable? _____

7 ¿A quién no le gusta comer mucho en casa? _____

8 ¿Quién no suele desayunar? _____

2 Lee los textos de la Actividad 1 otra vez y contesta las preguntas.

1 ¿Cuál es la comida favorita de Gabriela? _____

2 ¿Cómo es su hermana? _____

3 ¿Qué están haciendo sus padres? _____

4 ¿Por qué no desayuna Paulo? _____

5 ¿Dónde come Paulo normalmente? _____

6 ¿Por qué no le gusta a Paulo la comida mexicana?

_____

7 ¿Qué es el calentado? _____

8 ¿Le gusta a Leonardo el desayuno español? ¿Por qué (no)?

_____

9 ¿Qué le gusta hacer a la familia de Leonardo?

_____

3 Túrnate con tu compañero/a. Haz preguntas sobre las comidas.

- ¿Qué desayunas?
- Pues, antes de ir al colegio no desayuno nada pero los fines de semana me gusta desayunar huevos con tostadas y bebo un café con leche.
- ¿Qué comes?
- ...

4 Escribe frases con la forma comparativa.

1 verduras / frutas / sabrosa (más que)
  Las verduras son más sabrosas que las frutas.

2 carne / pescado / saludable (menos que)

3 beber agua / beber vino (mejor que)

4 comida española / comida china / picante (tan como)

5 comida basura / comida sana / caro (menos que)

6 vitaminas / proteínas / importante (tan como)

7 sodas / leche (peor que)

8 pasteles / cereal / dulce (más que)

5 Túrnate con tu compañero/a. Contesta las preguntas para ti y da razones.

- ¿Qué comida es la más picante?
- ¿Qué comida es la más rica?
- ¿Qué comida es la menos saludable?
- ¿Cuál es tu comida favorita?
- ¿Cuál es tu postre favorito?
- ¿Qué no te gusta comer?

6 Escribe un párrafo. Usa tus respuestas a las preguntas de la Actividad 5 y describe lo que te gusta comer y beber y lo que no te gusta.

3.2 Me mantengo en forma

1 ¿Presente o pasado? Escribe Pr o Pa.

1 Todos los días hago yoga y mi hermano da una vuelta en bicicleta. _____

2 El año pasado, mi amiga pasó un mes en un campamento de tenis. _____

3 El fin de semana pasado montamos a caballo. _____

4 ¿Qué tal las vacaciones? ¡Fueron chévere! _____

5 Suelo ir a correr después de llegar a casa. _____

6 ¿Saliste temprano ayer? _____

7 El verano pasado mis padres fueron a Italia e hicieron vela. _____

8 Anteayer mi hermanastro hizo patinaje. _____

2 Completa las frases con la forma correcta del pretérito.

1 ¿Qué (hacer) _____ ayer, Tomás?

2 Hace dos años mis primos (ir) _____ a la montaña y (esquiar) _____.

3 La semana pasada Emilia (participar) _____ en un camponeato de fútbol.

4 El mes pasado mis amigas y yo (jugar) _____ en un partido y (ganar) _____.

5 Normalmente prefiero jugar al tenis pero anteayer (ir) _____ a la costa e (hacer) _____ surf. ¡La (pasar) _____ de maravilla!

6 Anteayer ((yo) montar) _____ a caballo por la primera vez. ¡(ser) _____ inolvidable!

7 ¿((tú) divertirse) _____ el fin de semana pasado? No, (ir) _____ a una clase de baile y (caerse) _____. ¡(ser) _____ un desastre!

3 Escribe seis frases usando adverbios de tiempo y diferentes personas del préterito.

> anteayer   el fin de semana pasado   el verano pasado   ayer   el sábado   hace dos semanas

> hacer yoga   jugar al tenis   montar a caballo   participar en un torneo
> ir a un restaurante   sacar buenas notas en un exámen

> fue divertido / genial / terrible / aburrido / un desastre
> fue una experiencia inolvidable / impresionante / fantástica / horrible / dura

Anteayer fuimos a un restaurante y fue terrible.

_____

_____

_____

_____

_____

_____

4 **Lee el diálogo y escoge las opciones correctas.**

¡Hola, Iker! ¿Qué tal el fin de semana?

Pues, … ¡horrible! Después de salir del cole el viernes, tuve que hacer las tareas. Hice dos horas de trabajo y después paseé al perro. Antes de acostarme, saqué la basura y lavé los platos.

¡Uf! ¿El sábado te fue mejor?

¡No mucho! Hice tres horas de tareas, trabajé cuatro horas en el restaurante (¡sin paga! porque, ya sabes, es el restaurante de mis padres), y finalmente, salí al cine pero la peli ya se había acabado. Fue desastroso. ¿Y tú, José, qué tal?

Después de desayunar el sábado, fui a jugar al fútbol con el equipo del cole. Tuvimos un partido con el colegio San Marco y ganamos 3–0. Marqué dos goles. ¡Fue impresionante!

¿Y el domingo?

No hice mucho. Ayudé a mi hermana con su tarea de matemáticas, e hice mi tarea de inglés. Todavía tengo que hacer las tareas de historia, geografía y matemáticas. Me aburrí.

¡Yo ya las he hecho todas!

1 El fin de semana de Iker fue

   a impresionante   **b** divertido   **c** un desastre

2 Después de pasear al perro,

   a trabajó dos horas   **b** hizo tareas   **c** se acostó

3 El sábado Iker

   a hizo las tareas   **b** jugó al fútbol   **c** vio una película

4 Iker

   a ganó 30 dólares   **b** no ganó nada   **c** no tiene trabajo

5 José

   a jugó para el colegio San Marco   **b** entrenó dos horas   **c** marcó dos goles

6 José

   a ya no tiene tareas   **b** ayudó a su madre   **c** va a hacer sus tareas

5 **Túrnate con tu compañero/a. Habla sobre el fin de semana pasado. Usa el diálogo de la Actividad 4 para ayudarte.**

6 **Escribe un párrafo sobre el fin de semana pasado. Incluye tus opiniones. Menciona:**

- las tareas escolares
- las tareas domésticas
- las actividades

_____
_____
_____
_____
_____

3.3 Me encuentro mal

1   **Lee y completa el diálogo.**

> fiebre   evitar   crema   pastillas   agua   duele   insolación   siento   cuántas

- ● Buenos días. ¿Qué desea?
- — No me **1** _____ bien. Pasé el día al sol y tengo una
  2 _____ .
- ● ¿Tiene Ud **3** _____ ?
- — Sí, un poco.
- ● Y ¿Le **4** _____ la cabeza?
- — Si, muchísimo.
- ● Bueno. Le recomiendo esta **5** _____ para las quemaduras de sol y estas
  6 _____ para el dolor de cabeza.
- — ¿**7** _____ veces al día tengo que tomarlas?
- ● Tome dos pastillas cada cuatro horas y póngase la crema cuando lo necesite.
- — ¿Algo más?
- ● Sí, tiene que **8** _____ el sol y beber mucha **9** _____ .
- — Gracias.

2   **Túrnate con tu compañero/a. Haz diálogos en la farmacia. Pueden usar la Actividad 2 en la página 68 del Libro del estudiante para ayudarlos, si es necesario.**

Problema: tos y fiebre
Solución: jarabe y pastillas
Cuándo: cada tres horas/dos veces al día
Más: beber agua

Problema: picadura de insecto
Solución: loción
Cuándo: tres veces al día
Más: quedarse dentro

Problema: herida en la pierna
Solución: aspirinas y ponerse venda
Cuándo: cada cuatro horas
Más: descansar

3   **¿Acción incompleta o completa? Escribe I (Imperfecto) o P (Pretérito).**

1 Cuando eras pequeño, estabas siempre enfermo. _____

2 Compré pastillas y jarabe en la farmacia. _____

3 ¿Fueron a la playa? _____

4 Le dolía mucho el estómago y tenía un resfriado. _____

5 Les hacían falta pastillas para el dolor de cabeza. _____

6 Tomamos unas aspirinas y nos sentimos mejor. _____

    → Gramática: A3 *imperfecto/pretérito* SB p. 231

4 **Completa las frases con la forma correcta del imperfecto o pretérito.**

1 Me (sentir) _____ mal, así que (ir) _____ al médico.

2 Nosotros (estar) _____ enfermos, por eso (ponerse) _____ crema antiséptica.

3 Carmen (tener) _____ una gripe y (comprar) _____ unas pastillas en la farmacia.

4 A mis hermanos les (doler) _____ la cabeza y (quedarse) _____ en la cama.

5 ¿Qué te (pasar) _____, Milena? ¿(cortarse) _____ el dedo?

6 Santos (estar) _____ cansado y (tener) _____ tos. (tomar) _____ un jarabe y (descansar) _____.

7 Mis padres (tener) _____ una quemadura de sol y (aplicarse) _____ una loción.

8 Me (encontrar) _____ enferma y por eso (tomar) _____ dos cucharadas de esta medicina.

5 **Lee el email. Lee las frases y escribe verdadero (V), falso (F) o no mencionado (NM). Corrige las frases falsas.**

¿Qué tal, Andrés? ¡Qué fin de semana tan cansado! El sábado por la mañana, me encontraba muy mal, sin embargo jugué al básquetbol en el polideportivo. Al terminar el partido, vomité y tenía dolor de estómago. Mi madre me llevó al hospital donde esperamos dos horas. Por fin, vi al médico, quien me dio unas pastillas. Tengo que tomarlas cada cuatro horas durante una semana. El domingo descansé unas horas en el jardín y después de despertarme tenía insolación. Me puse una crema para las quemaduras. Ahora tengo dolor de muelas y tengo que ir al dentista mañana por la tarde.

Xavier

1 Xavier participó en el partido de básquetbol. _____

2 Después de llegar a casa Xavier se encontró mal de estómago. _____

3 Su madre lo llevó al hospital en carro. _____

4 No tuvo que esperar en el hospital. _____

5 Tenía que tomar las pastillas seis veces al día. _____

6 Hizo sol el domingo. _____

7 Le gusta pasar tiempo afuera. _____

8 Mañana por la mañana tiene que ir al dentista. _____

6 **Escribe un párrafo sobre un fin de semana en el que tú o un miembro de tu familia estuvieron enfermos. Usa el texto de la Actividad 5 para ayudarte.**

_____

_____

_____

_____

_____

3.4 Un accidente

1 Escoge los verbos correctos.

1 **Hubo / Había** un accidente en la piscina. Un niño se **cae / cayó**.

2 **Cruzamos / Cruzábamos** la calle cuando un carro **chocó / chocaba** con nosotros.

3 Si es grave, la ambulancia **llega / llegaba** en seguida.

4 **Tuve / Tenía** un accidente. No **vi / veo** al ciclista.

5 Mi amiga se **cortó / cortaba** cuando **estaba / estuvo** de vacaciones.

6 Ahora **tuviste / tienes** una insolación porque no te **ponías / pusiste** crema solar.

7 Mis tíos se **hirieron / herían** en un accidente de automóvil.

8 **Llamaron / Llamaban** a los servicios de emergencia al ver el accidente.

2 Completa el texto con los verbos en la forma correcta.

Hace seis años que **1** (trabajar) _____ como técnico de emergencia sanitaria. Es un trabajo duro pero muy importante e interesante. Normalmente **2** (salir) _____ cuatro veces a la semana en la ambulancia para ayudar a la gente herida en cualquier accidente. El mes pasado, una niña **3** (caerse) _____ de su bicicleta cuando **4** (cruzar) _____ la calle al lado de su casa. **5** (romperse) _____ el brazo y **6** (tener) _____ unas heridas ligeras en la cabeza. La llevamos al hospital y, como no era muy grave, la niña **7** (volver) _____ a casa después de **8** (ver) _____ al médico. Hoy no tengo que trabajar así que voy a dar una vuelta en bicicleta. ¡Espero no caerme!

3 Lee el texto otra vez y contesta las preguntas.

1 ¿Desde hace cuánto tiempo trabaja como técnico?

_____

2 ¿Le gusta su trabajo? ¿Cómo lo sabes?

_____

3 ¿Trabaja en un hospital? Da la razón.

_____

4 ¿Qué le pasó a la niña? _____

5 ¿Tenía heridas? _____

6 ¿Se quedó la niña en el hospital? _____

7 ¿Qué va a hacer el autor hoy? _____

4 Escribe una descripción breve de un accidente.

_____

_____

_____

_____

→ *Gramática: A1 verbos SB pp. 228–232*

3.5 Mente sana en cuerpo sano

1 Lee y completa el texto.

> concentración   afecta   probarla   tranquilamente   falta   pensando   meditación
> frecuentemente   saco

Me preocupa mucho la **1** _____ de concentración. Aún en las clases,
2 _____ mi celular **3** _____ para leer mis mensajes. Me
gustaría hacer las tareas **4** _____ pero siempre uso el celular para buscar
información. Mi amiga Sara me dijo que la **5** _____ puede mejorar la
6 _____. Voy a **7** _____ antes de los próximos exámenes.
Además, creo que el estrés escolar **8** _____ a muchos jóvenes: a veces no
puedo dormir porque estoy **9** _____ en las tareas o los exámenes.
Alicia

2 Lee y contesta las preguntas.

Según un sondeo nacional en España de 2015, un tercio de jóvenes españoles solo duermen cinco horas por noche. Los estudios científicos han demostrado que debemos dormir entre seis y ocho horas. ¿Cuáles son las causas de la falta de sueño? Pues, el 45%, casi la mitad, de los jóvenes tienen el celular en el dormitorio por la noche.

Por lo menos, deben apagarlo o, mejor, déjalo en otro sitio. Además, el 25% de los jóvenes no hacen ninguna actividad física. Practicar un deporte o una actividad regularmente ayuda a la concentración y al sueño. La falta de sueño también puede causar el sobrepeso, porque cuando no dormimos bien no nos alimentamos bien.

1 What percentage of Spanish young people get less than the recommended amount of sleep?
_____

2 What do almost half of young people do? _____

3 What percentage of young people do physical activity? _____

4 How does physical activity help? _____

5 Why can lack of sleep cause weight increase?
_____

3 Túrnate con tu compañero/a. Habla sobre el texto de la Actividad 2.

- ¿Qué afecta a tu sueño?
- ¿Hay otros problemas que afectan al sueño?

4 Escribe cuatro frases sobre las estadísticas. Usa el texto de la Actividad 2 para ayudarte. Incluye un consejo.

> **El estrés escolar y los jóvenes**
> Al 23% le preocupa el estrés escolar
> El 10% no se puede dormir
> El 5% no quiere comer antes de los exámenes
> El 2% no va al colegio el día de un examen

_____
_____
_____
_____
_____

5 **Hablar: Juego de roles**

> **Estás hablando con tu amigo/amiga español(a) sobre la salud mental.**
>
> **Estudiante:**   Tú mismo/misma
>
> **Profesor(a):**   El amigo/La amiga
>
> El profesor/La profesora empieza el juego de roles.
>
> Responde a todas las preguntas.

6 **Hablar: Conversación**

> El profesor/La profesora empieza la conversación.
>
> Responde a todas las preguntas.

7 **Escribir**

Mi salud

Escribe un email a tu amigo/amiga español(a) sobre la salud.

- ¿Qué te gusta comer y beber para mantener la salud?
- ¿Cuánto ejercicio hiciste ayer?
- ¿Por qué no puedes participar en el torneo de voleibol después del colegio hoy?
- ¿Qué vas a hacer hoy?

Debes escribir 80–90 palabras **en español**.

_____

_____

_____

_____

_____

_____

_____

_____

_____

_____

> If you're struggling to remember a word, try to think of another way to say what you want to express. This is a useful skill. Find and practise using alternatives when you are memorising vocabulary.

4.1 ¿Quieres ir al cine?

1 ¿Qué deciden? Lee y completa el cuadro.

1
- ¡Hola, Miguel! Salimos a cenar esta noche. ¿Quieres venir con nosotros?
- ¡Hola, Francisco! ¿Adónde van?
- Vamos al restaurante en la Plaza Mayor.
- ¿La pizzería?
- No, el restaurante chino.
- ¿A qué hora?
- A las nueve.
- Pues, tengo que trabajar en la heladería hasta las nueve menos cuarto. ¿Quedamos sobre las nueve y media?
- Muy bien. Hasta luego.

2
- ¡Selina! ¿Qué tal?
- Bien.
- Voy al teatro con mi madre el sábado que viene. ¿Quieres venir con nosotras?
- Pues, no sé. ¿Qué verán?
- Algo de Lope de Vega. Nos vemos a las seis y media.
- Bueno, tengo muchas tareas y no creo que pueda salir el fin de semana.
- ¡Qué lástima!

3
- Bruno, ¿Qué tal? Voy a la piscina el domingo. ¿Te gustaría ir?
- Pues, el domingo tengo que cuidar de mi hermana menor.
- ¿Prefieres salir el sábado?
- Sí, me va bien. ¿Dónde nos encontramos?
- En la estación de metro Segundos. ¿A qué hora?
- ¿A las diez?
- Bien, hasta luego.

4
- Melissa, ¿cómo estás? ¿Quieres ir al cine conmigo?
- ¿Cuándo vas?
- Mañana por la tarde. ¿Qué te parece?
- ¿Qué vas a ver?
- Quiero ver la nueva película de *Los Planetas Misteriosos*.
- Bueno, no me gustan mucho las pelis de ciencia ficción. ¿Quieres salir a tomar un café?
- Bien. ¿Quedamos a las seis en el café de la esquina?
- Nos vemos a las seis.

	¿Adónde?	¿Cuándo?	¿A qué hora?
1			
2			
3			
4			

2 Lee los textos de la Actividad 1 otra vez y contesta las preguntas.

1 ¿Qué tiene que hacer Miguel? _____

2 ¿A qué hora quiere quedar Francisco? _____

3 ¿Por qué Selina no puede salir el fin de semana?

_____

4 ¿Qué tiene que hacer Bruno el domingo? _____

5 ¿Dónde quedan Bruno y su amigo? _____

6 ¿Por qué Melissa no va al cine mañana? _____

3 Túrnate con tu compañero/a. Haz diálogos. Si no quieres salir, explica por qué.

> ir a la playa   hacer ciclismo   tomar un refresco   jugar al tenis

> hacer las tareas domésticas   hacer las tareas   ayudar a mi padre   tener un resfriado

4 Completa la tabla con las formas correctas de los verbos.

jugar	pensar	volver
1	pienso	8
juegas	4	9
2	5	10
jugamos	6	volvemos
3	7	vuelven

5 Escribe las formas apropiadas de los verbos.

1 Natalia, ¿(querer) _____ venir al cine conmigo?

2 (volver, yo) _____ sobre las diez después de la fiesta.

3 Todo los sábados (jugar ,yo) _____ al fútbol con mis amigos.

4 Elena (pensar) _____ salir el fin de semana que viene.

5 Mis padres no (volver) _____ a ver la película.

6 Sus hermanos (preferir) _____ jugar al voleibol.

6 Escribe dos mensajes invitando a un/una amigo/a a salir contigo. Menciona:

- cuándo sales
- adónde
- dónde van a quedar
- la hora

_____
_____
_____
_____
_____
_____
_____
_____
_____

7 Túrnate con tu compañero/a. Haz un diálogo usando tus mensajes de la Actividad 6.

➜ Gramática: A4 & A5 *verbos con cambio vocálico* SB p. 229

4.2 Los mejores sitios

1 Lee y elige ✓ las cinco frases correctas.

¿Cuáles son los mejores festivales de España?

Sónar es un gran festival de música electrónica y experimental que tiene lugar cada año en Barcelona. El año pasado fue el festival más grande de su historia con más de 123 000 visitantes.

El Maz Basauri es un festival que se celebra en Bilbao, en el País Vasco, y tiene las entradas menos caras de la mayoría de los festivales españoles. Cuestan desde ocho dólares por un día.

El Primavera Sound es el más internacional de todos los festivales. Asisten turistas de todo el mundo. También tiene lugar en Barcelona, pero afortunadamente no al mismo tiempo que el Sónar.

A finales del verano, se puede ir al festival Dcode en Madrid. Este año será la octava edición de este festival de un solo día. ¡Mejor para los que prefieren no pasar la noche en una tienda!

1 Sónar es un festival que atrae a gente que se interesa por historia. ☐

2 El año pasado fue un récord para el festival Sónar. ☐

3 El Maz Basauri es el festival más caro de España. ☐

4 Se puede comprar una entrada para el Maz Basauri por menos de diez dólares. ☐

5 A los turistas de todo el mundo les gusta visitar el Primavera Sound. ☐

6 El Primavera Sound tampoco tiene lugar en Barcelona. ☐

7 El festival Dcode empezó hace siete años. ☐

8 No necesitas alojamiento para el festival Dcode. ☐

2 Escribe las frases según tus opiniones usando los superlativos. Da razones.

1 peor / día de la semana

2 mejor / película del año

3 más relajante / pasatiempo

4 más divertido / amigo/a

5 menos difícil / asignatura

6 menos deliciosa / comida

Para mí, el peor día de la semana es el lunes porque tengo que cuidar a mi hermana.

1 _____

_____

2 _____

_____

3 _____

_____

4 _____

_____

5 _____

_____

6 _____

_____

3 Túrnate con tu compañero/a. Haz y contesta preguntas sobre el texto de la Actividad 1.

- ¿Qué festival te interesa?
- ¿Prefieres los festivales de un día o los festivales más largos? ¿Por qué?

4 Mira el cartel y lee el diálogo. Contesta las preguntas.

★ **CINE ESTRELLAS** ★
Esta semana:

el lunes
8.45
El Poder de los Demonios –
la película de horror más escalofriante

el martes
12.15, 4.30, 9.00
Mi Mujer Secreta – una comedia
romántica muy divertida

el miércoles, el jueves, el viernes
11.00, 1.45, 4.15
Bailando con Arturo – el musical
más popular del año

el sábado y el domingo
6.00, 8.30, 11.00
El Hombre Pequeñito – la animación
japonesa más triste de los últimos años

- ¡Hola, Isabel! ¿Quieres salir al cine conmigo esta semana?
- ¿Qué hay?
- Pues, mañana hay una película de horror por la tarde.
- ¡Vaya! ¡No me interesan nada las pelis de horror! ¿Qué más hay?
- Bueno, ¿te interesa un musical?
- No, creo que los musicales son el tipo de peli más ridículo.
- De acuerdo. ¿Qué te parece *El Hombre Pequeñito*, una animación?
- Las animaciones son para los niños.
- ¿Quieres ver una comedia romántica?
- Sí, me encantan las comedias románticas. ¿Cuándo es?
- El martes. Hay tres sesiones a partir de las doce y cuarto.
- ¡Hombre! No puedo ir, tengo que trabajar. Doy clases particulares los martes.
- ¡Ay!

1 ¿En qué día están hablando Isabel y su amigo?

_____

2 ¿Qué opina Isabel de las películas musicales? _____

3 ¿Le interesan a Isabel las animaciones? ¿Por qué?

_____

4 ¿Cuál es su tipo de película favorito? _____

5 ¿Qué película van a ver? _____

6 ¿Qué hace Isabel los martes? _____

5 Túrnate con tu compañero/a. Haz un diálogo usando el cartel de la Actividad 4.

6 Escribe cuatro frases sobre el parque/edificio/cine/... más grande/antiguo/pequeño/...
de tu pueblo.

_____
_____
_____
_____

4.3 ¡Buen provecho!

1 Lee el menú español y elige qué quieres pedir. Usa las palabras que ya sabes para ayudarte. Después comprueba en un diccionario.

Entrantes
Ensalada de espinacas con nueces
Huevos rotos
Sopa castellana

Platos caseros
Tortilla de patata
Ensaladilla rusa
Croquetas de jamón
Ensalada de bacalao
Patatas con salchichas y pimientos
Alitas de pollo

Nuestros postres
Natillas
Flan
Crema catalana
Helado (de chocolate, café, melón o frambuesa)

2 ¿Quién habla? Escribe M (el mesero) o Cl (un cliente).

1 Las alitas de pollo para mí. _____

2 ¿Y para beber? _____

3 Bueno para mí, los huevos como entrante. _____

4 Como no como carne, voy a pedir la tortilla. _____

5 Bien, ¿y de segundo plato? _____

6 Nos trae la cuenta, por favor. _____

7 ¿Cómo estaba? _____

8 Buenos días. ¿Qué van a pedir ustedes? _____

9 A ver, ¿qué nos recomienda? _____

10 Pues, voy a pedir la sopa castellana. _____

11 Muy bien. ¿Y de postre? _____

12 Me falta un tenedor. _____

3 Túrnate con tu compañero/a. Haz un diálogo usando el menú de la Actividad 1.

4 Escribe seis frases con el futuro inmediato, usando una forma diferente para cada una.

pedir   beber   comprar   preparar   salir   estudiar   vivir

él   yo   tú   ella   ustedes   ustedes   nosotros

Mañana por la tarde Esteban va a preparar una cena especial.

1 _____

2 _____

3 _____

4 _____

5 _____

6 _____

5 Lee las críticas de los restaurantes y elige El Caballo Rojo o Mi Casita o los dos.

El Caballo Rojo
Si quieres comer bien, a buen precio y con ambiente acogedor, ¡mejor que vayas a otro sitio! Llegamos sobre las nueve y no había nadie, sin embargo tuvimos que esperar media hora. El mesero nos trató sin respeto. La comida estaba fría y asquerosa. Pedí el pescado con papas y verduras. Las verduras estaban todavía congeladas y el pescado olía terrible. No pedimos ni postre ni café. Nunca vamos a volver.

Mi Casita
Vale la pena visitar esta taberna aunque tuvimos que esperar. Todo estuvo riquísimo: el pescado estaba fresquísimo, con un sabor muy delicado. Los meseros nos atendieron muy bien. Las especialidades de la casa están muy ricas. El mesero me recomendó las gambas a la plancha. ¡Qué deliciosas estaban! Pero lo mejor fueron los postres. La torta de almendras estaba buenísima y voy a pedir la torta de manzana la próxima vez. No tomamos café porque comimos demasiado. ¡No dejes de visitar este sitio!

	El Caballo Rojo	Mi Casita
1 Voy a volver a comer.	☐	☐
2 No tomamos café.	☐	☐
3 Los meseros son simpáticos.	☐	☐
4 Mi plato preferido fue el postre.	☐	☐
5 No debes pedir el pescado.	☐	☐
6 Se recomienda ir a otro lugar.	☐	☐
7 Hay que esperar.	☐	☐
8 El pescado le dio asco.	☐	☐

6 Escribe sobre una comida en un restaurante. Usa las críticas de la Actividad 5 para ayudarte. Menciona:

- los meseros
- lo mejor de la comida
- tu plato favorito
- lo peor de la comida

_____
_____
_____
_____
_____
_____
_____
_____

4.4 Hacemos las compras

1 **Elige las opciones correctas.**

1 Compré **demasiado / muchas** ciruelas ayer en el mercado.

2 Jordi comió **tantos / pocos** caramelos que vomitó.

3 El mercado tiene **mucho / poco** pescado hoy. Tengo que ir a otro sitio.

4 Mi padre no compró **tantos / bastantes** verduras para la cena.

5 Eliezer ganó **tanto / demasiado** dinero que va a pagar la cuenta entera.

6 Pusiste **demasiado / poco** azúcar. No me gustan las cosas dulces.

7 Tengo **poco / mucho** trabajo que hacer. No puedo salir hoy.

8 Hay **demasiados / bastantes** estudiantes en la biblioteca. No hay lugar para sentarse.

2 **Completa la receta con las palabras apropiadas.**

papas   pon   primero   verduras   pimienta   pelar   después   al final

1 _____, tienes que
2 _____ las papas y cortarlas en
dados.

Luego, tienes que hervir las
3 _____ durante veinte minutos.

Mientras las papas se hierven, lava las
4 _____ y córtalas en trocitos.

5 _____ un poquito de
6 _____ y de sal.

7 _____, añade las aceitunas y
los huevos duros.

8 _____, pon una mezcla de
aceite y vinagre.

¡Y buen provecho!

3 **Túrnate con tu compañero/a. Haz preguntas sobre la receta de la Actividad 2.**

- ¿Qué tienes que hacer primero?
- ¿Cuánto tiempo tienes que hervir las papas?

4 **Elige una receta o una comida típica y escribe las instrucciones.**

_____
_____
_____
_____
_____
_____

4.5 ¡Viva la amistad!

1 **Empareja las preguntas y las respuestas.**

1 ¿Le gustaría ir al cine conmigo el viernes? ☐

2 Quiero presentarte a mi madre. ☐

3 ¿Qué quieres beber? ☐

4 ¿Te gustaría probar la carne? ☐

5 ¿Les gustaría ir de excursión este fin de semana? ☐

a Lo siento. No podemos salir este fin de semana. Tenemos que trabajar.

b ¿Tienes agua con gas?

c No, gracias. Soy vegetariana.

d Encantada de conocerla.

e Sí, me encantaría. ¿Qué hay?

2 **Están en una fiesta de cumpleaños. Túrnate con tus compañeros/as.**

- Quiero presentarte a …
- ¿Te gustaría probar …?
- Me encantaría/No me gustaría …
- Los/Las … son …

3 **Lee y contesta las preguntas.**

El fin de semana pasado fui a una barbacoa en la casa nueva de mi mejor amigo Tomás. Fue la primera vez que conocí a sus padres: su madre y su padrastro. También conocí a sus tíos y a sus primos. La comida estaba riquísima. Comí papas fritas, ternera a la brasa y una ensalada de lechuga, pimientos, tomates y salsa picante. La salsa estaba demasiado picante para mí, pero me gustó mucho la carne. Su padrastro preparó un refresco de limonada con frambuesas. ¡Qué delicioso! Al salir de la casa di las gracias a su tío y no a su padrastro. ¡Qué vergüenza!
Sergio

1 ¿Qué hizo Sergio el fin de semana pasado? _____

2 ¿Ya conocía Sergio a los padres de Tomás? _____

3 ¿Qué opinó de la comida? _____

4 ¿Qué le gustó más? _____

5 ¿Qué otra cosa le gustó? _____

6 ¿Por qué se sintió avergonzado Sergio al final?

_____

4 **Escribe un párrafo sobre la última vez que saliste a una fiesta en casa.**

_____
_____
_____
_____

Practice questions

5 **Hablar: Juego de roles**

> **Estás hablando con tu amigo/amiga sobre la comida.**
>
> **Estudiante:** Tú mismo/misma
>
> **Profesor(a):** El amigo/La amiga
>
> El profesor/La profesora empieza el juego de roles.
>
> Responde a todas las preguntas.

6 **Hablar: Conversación**

> El profesor/La profesora empieza la conversación.
>
> Responde a todas las preguntas.

7 **Escribir**

Las fiestas de cumpleaños

Escribe un email a tu amigo/a español(a) sobre las fiestas.

Escribe 130–140 palabras **en español**.

- ¿Cuándo y dónde es la fiesta?
- ¿Qué vas a comprar de regalo? Explica por qué.
- ¿Qué vas a comer y beber?
- ¿Qué pasó la última vez que fuiste a una fiesta?

_____
_____
_____
_____
_____
_____
_____
_____
_____
_____

> When you're giving an opinion about something, include a reason to justify it. Your argument will be more convincing and your Spanish will sound more fluent.

5.1 Buscando un trabajo

1 **Lee y ✓ las frases en el futuro.**

1 Trabajaré en una pequeña oficina con el jefe. _____

2 Visitaremos a nuestra tía en el café. _____

3 Sigo estudiando para sacar buenas notas en mis exámenes. _____

4 Mi padre es mecánico pero no tiene trabajo en este momento. _____

5 Tendrá un día libre a la semana. _____

6 Hice mis prácticas en el taller de mis primos. _____

7 ¿Cuántas horas podrás trabajar a la semana? _____

8 ¿Te gustaría trabajar en el extranjero? _____

2 **Escribe todas las formas del verbo viajar en el tiempo futuro.**

yo	_____	nosotros/as	_____
tú	_____	ustedes	viajarán
él/ella	_____	ellos/ellas	_____

3 **Lee los anuncios. Lee las frases y escribe Verdadero (V), Falso (F) o No Mencionado (NM).**

1 Se necesita personal para trabajar medio tiempo en nuestra tienda familiar en el centro de la ciudad. No es imprescindible un buen nivel de inglés. Buena presencia con alto grado de comunicación. Se ofrece formación. Salario: a convenir.

2 Buscamos administrativo/a con alto nivel de inglés para una empresa comercial. Horario: negociable. Conocimientos de informática esenciales.

3 ●●● Se busca socorrista acuático para el Hotel Gran Playa en Puerto de Pollensa para el verano. Imprescindibles los conocimientos de primeros auxilios. Con periodo de prueba. Horario: dos días a la semana.

4 Se necesita recepcionista para residencia de personas mayores. Alto grado de comunicación y organización necesarios. Horario: de las 4 hasta las 6, cuatro días a la semana incluso los fines de semana.

5 Buscamos personal doméstico para trabajar en oficinas. Horario: por las tardes. Salario: a convenir. Tareas domésticas: limpieza, pasar la aspiradora, etc.

1 Para trabajar en la tienda se necesita hablar idiomas. _____

2 Las horas de trabajo en la tienda son de las ocho hasta las seis. _____

3 No es necesario tener experiencia para trabajar en la tienda. _____

4 Es imprescindible tener conocimientos de informática para trabajar en la empresa. _____

5 Se debe tener buen presencia para trabajar en la empresa comercial. _____

6 El socorrista tiene que trabajar todos los días de la semana. _____

7 No se ofrece trabajo en el hotel en el invierno. _____

8 Se ofrece formación de primeros auxilios. _____

9 Tiene que ser organizado para trabajar como recepcionista. _____

10 La recepcionista trabajará cuatro días a la semana tres horas al día. _____

11 No se necesita experiencia para el trabajo de limpieza. _____

12 El personal doméstico trabajará en una casa privada. _____

4 Túrnate con tu compañero/a. Pregunta y contesta sobre los empleos de la Actividad 3.

- ¿Te interesa … / Te gustaría …?
- ¿Por qué (no)?

5 Completa el currículum vitae.

> fiable   tienda   francés   nacimiento   recolección   apellidos   teléfono   agosto

---

Datos personales
Nombre y **1** _____: Andrés Vega Sánchez
Lugar de **2** _____: Guipúzcoa
Fecha de nacimiento: 12 de **3** _____ de 2001
4 _____: 225 888 1214
Correo electrónico: andrés@siempre.net

Idiomas
castellano, vasco, **5** _____

Experiencia laboral
6 _____ de fruta en una granja
asistente en una **7** _____

Cualidades
Organizado, responsable, **8** _____, me llevo bien con la gente

---

6 Túrnate con tu compañero/a. ¿Cuál sería el mejor trabajo para Andrés? Da razones.

- ¿Puede trabajar en la oficina?
- No, porque no habla inglés.

7 Eres Andrés. Escribe una carta para uno de los puestos de trabajo de la Actividad 3.

Guipúzcoa 11 de junio
Muy señor mío:

_____
_____
_____
_____
_____
_____
_____

Atentamente,
Andrés Vega Sánchez

Le escribo en respuesta …

Soy/Estudio …

Domino/Hablo el …

Trabajé como …

(No) Tengo experiencia de …

Soy …

¿Me podrá …?

---

8 Túrnate con tu compañero/a. Son el jefe/la jefa y Andrés. Haz una entrevista para el puesto de la Actividad 7.

- ¿Por qué quiere trabajar como …?
- ¿Qué experiencia laboral tiene?
- ¿Qué cualidades tiene?
- ¿Cuántas horas podrá trabajar?
- ¿Cuándo podrá empezar?

5.2 Las prácticas de trabajo

1 **Empareja las descripciones con los lugares de trabajo.**

1	Pasearás con los clientes por el jardín, les servirás el desayuno, pasarás un rato charlando con ellos, harás una variedad de tareas domésticas.
2	Trabajarás en la caja, pondrás y quitarás las mesas, tomarás los pedidos y prepararás las cuentas.
3	Lavarás el pelo de los clientes, contestarás al teléfono, prepararás bebidas para los clientes, aprenderás cómo secar el pelo.
4	Pasearás a los perros dos veces al día y les darás de comer.
5	Asistirás a las reuniones del departamento, ayudarás al personal a preparar los folletos, tendrás la oportunidad de mejorar tus conocimientos de los programas en la computadora.

a refugio de animales ☐

b peluquería ☐

c residencia para ancianos ☐

d estudio de diseño ☐

e heladería ☐

2 **Lee las descripciones de la Actividad 1 otra vez. Lee las frases y escribe los numeros apropiados.**

a ¿En qué trabajo necesitarás buenos conocimientos de matemáticas? ☐

b ¿Qué trabajo sería mejor para gente habladora? ☐

c Si tienes alergia a los animales, sería mejor que no hicieras este trabajo. ☐

d Es un trabajo para los que se interesan por el diseño. ☐

e Si te interesa la moda y la belleza es un trabajo perfecto. ☐

3 **¿De qué trabajo hablan? Escribe las letras apropiadas.**

1 Lo peor para mí será pasar horas en los aeropuertos. ☐

2 Lo que más me gusta es que trabajaré con animales. ☐

3 Lo interesante será saber cómo construir muebles. ☐

4 Lo difícil será caminar tantos kilómetros al día. ☐

5 Lo aburrido para mí serán las reuniones. ¡Espero mantenerme despierta! ☐

6 Lo malo será mantenerme de pie todo el día. ☐

7 Lo fantástico será cobrar un sueldo por jugar. ☐

8 Lo mejor será ayudar la gente en peligro. ☐

a	deportista profesional	**e**	auxiliar de vuelo
b	secretario/a	**f**	carpintero/a
c	cartero/a	**g**	bombero/a
d	dentista	**h**	veterinario/a

→ Gramática: A3 *lo + adjetivo* SB p. 106

4 **Túrnate con tu compañero/a. Pregunta y contesta sobre los trabajos de la Actividad 1.**

- ¿Qué trabajo te interesa?
- ¿Qué será lo mejor/peor/interesante/aburrido/...?

5 **Escribe cinco frases que expresen tu opinión sobre unas prácticas de trabajo usando *lo* + adjetivo.**

_____

_____

_____

_____

_____

6 **Reescribe dos de las descripciones de la Actividad 1: (a) usando *usted*; (b) usando *yo*.**

(a) Ayudará a los clientes ...

(b) Ayuderé a los clientes ...

_____

_____

_____

_____

_____

_____

7 **Escribe dos descripciones de un puesto de trabajo. Utiliza personas diferentes de los verbos en cada descripción.**

> hacer las prácticas   atender a los clientes   servir a los clientes   cuidar a ...
> jugar con los niños   barrer el piso   distribuir el correo   arreglar los materiales

El año pasado, hice las prácticas de trabajo en una tienda de ropa. Los clientes fueron un poco maleducados pero ...

_____

_____

_____

_____

_____

_____

_____

_____

_____

5.3 ¡Hola!

1 Lee cada frase. <u>Subraya</u> los pronombres de objeto directo y (rodea con un círculo) los pronombres de objeto indirecto. Elige la forma que corresponde, *a* o *b*.

1 Vamos a visitar<u>las</u> mañana por la mañana.   [a] **(a)** a nuestras abuelas   **(b)** la tienda

2 Está leyéndome un libro muy interesante.   [ ] **(a)** a ti   **(b)** a mi

3 ¿Puedes darnos dos sándwiches de tortilla?   [ ] **(a)** a ustedes   **(b)** a nosotros

4 La vi ayer por la noche. ¡Qué escalofriante!   [ ] **(a)** a Juan   **(b)** la película

5 Normalmente lo mando cada día sobre las dos.   [ ] **(a)** el correo electrónico   **(b)** a mi hermana

6 Los encontraste en el baño.   [ ] **(a)** los tenis   **(b)** el short

7 Les enseña español y francés.   [ ] **(a)** a ti   **(b)** a ustedes

8 Sí, le di mi dirección anteayer.   [ ] **(a)** a Arturo   **(b)** el juego

2 Elige los pronombres correctos.

1 No encuentra su celular. No **lo / la / le** encuentro.

2 Prestamos los libros a nuestros vecinos. **Las / Les / Los** prestamos los libros.

3 Diré la verdad a ustedes. **Los / Las / Les** diré la verdad.

4 Ponemos la televisión en el dormitorio. **Le / La / Lo** ponemos en el dormitorio.

5 No puedo dar la ropa a ustedes. No **le / les / nos** puedo dar la ropa.

6 ¿Comprarás algo para mí? ¿**Me / Te / Le** comprarás algo?

3 Reescribe las frases con los pronombres correctos.

1 Vamos a ver el programa esta tarde.

_____

2 Puedes venir a visitar a nosotros el fin de semana.

_____

3 ¿Estás buscando tu mochila?

_____

4 Están escribiendo el correo electrónico ahora mismo.

_____

5 Escribí a los gemelos.

_____

6 Estudias las matemáticas desde hace dos años.

_____

4 Escribe un resumen del diálogo en inglés. Luego, túrnate con tu compañero/a y practica el diálogo.

- ¡Hola!
- Quisiera hablar con el Sr. Martín.
- La comunicaré en seguida.
- Bien, gracias.
- No cuelgue, por favor.
- De acuerdo.
- Lo siento, no contesta el teléfono.
- No importa. ¿Me puede dar el número de su celular?
- El 0170 992 554.
- De acuerdo, gracias.
- No hay de qué.

_____

_____

5 Túrnate con tu compañero/a. Haz diálogos.

1 La Sra. Ruiz no está.
2 Se equivocó de número.
3 ¿Quiere dejar un mensaje?

6 Lee y completa el correo electrónico.

> le serán confirmar almorzaré mis trabajaré pongo empezaré

18 de mayo
Estimada señora:
Me **1** _____ en contacto con usted para **2** _____ los detalles de **3** _____ prácticas de trabajo para el mes que viene. **4** _____ el lunes 15 de junio a las nueve.
5 _____ ocho horas al día hasta el viernes 19 de junio. Las prácticas **6** _____ en su oficina del centro de la ciudad. **7** _____ en la cafetería de la compañía desde la una hasta las dos. Pasaré un día en el departamento de marketing, dos días en el departamento de diseño y otros dos días en el departamento de contabilidad. **8** _____ adjunto mi currículum.
Atentamente
Ana González

7 Escribe un correo electrónico para confirmar los detalles de tus prácticas de trabajo. Usa el texto de la Actividad 6 para ayudarte. Menciona:

- las fechas
- el horario
- lo que harás

_____
_____
_____
_____
_____
_____

5.4 Problemas en el trabajo

1 Lee el artículo y contesta las preguntas.

● ● ●   𝒫

Los cinco problemas a evitar en tus prácticas de trabajo
Ya viene la temporada de las prácticas de trabajo para los estudiantes de 16 años. Antes de empezarlas este año, ofrecemos aquí unos consejos para pasarla mejor que nunca.

1 ¿No tienes nada que hacer? ¡Qué aburrido! Pues, pregúntale a tu jefe cómo puedes ayudar. Estás allí para aprender, ¡házlo!

2 ¿Quieres pasar tiempo en tu celular? No debes malgastar tu tiempo en las redes sociales – son una pérdida de tiempo. Tienes que concentrarte en las tareas.

3 ¿No entiendes lo que tienes que hacer? No te

quedes callado – pregunta a tus colegas. Las personas más listas son las que preguntan.

4 ¿Te gusta despertarte tarde? Sé responsable. Debes llegar a tiempo y listo para trabajar. Si tienes que llevar un uniforme, debe estar limpio.

5 ¿Te preocupas? Si no te va bien, no te preocupes. La experiencia vale la pena: aprenderás algo.

---

1 ¿De qué trata el artículo? _____

2 ¿Cuándo debes leer el artículo? _____

3 ¿A quién debes preguntar si no tienes nada que hacer? _____

4 ¿Las redes sociales son útiles para las prácticas? _____

5 ¿Qué debes hacer en vez de usar el celular? _____

6 ¿Qué debes hacer si no entiendes algo? _____

7 ¿Qué aconseja el artículo sobre el uniforme? _____

8 ¿Por qué no debes preocuparte? _____

2 Lee el artículo otra vez y completa las frases en inglés.

1 The article offers advice on _____

2 You're there to _____

3 You must _____

4 The smartest people _____

5 You should arrive on time and _____

6 Don't worry if _____

3 Túrnate con tu compañero/a. Pregunta y contesta sobre el artículo de la Actividad 1.

- ¿Qué te parecen los consejos?
- ¿Te preocupa hacer las prácticas de trabajo?

4 Completa las frases con la forma correcta del imperfecto continuo.

1 Carlos llamó cuando (write – we) _____ cartas.

2 Mientras (work – I) _____, los empleados no hacían nada.

3 A las once, (make – they) _____ café.

4 No contestó al teléfono porque (wash – she) _____ el carro.

5 ¿(take – you, sing.) _____ los pedidos cuando al otro mesero se le cayó el plato.

6 No (help – you pl.) _____ a clientes cuando el jefe llegó.

5 Lee los textos y elige el lugar correcto para cada persona.

parque zoológico   cocina   departamento de diseño web   centro de llamadas   parque

El verano pasado hice mis prácticas de trabajo. Pasé una semana trabajando al aire libre. Cortaba el pasto, plantaba las flores y mantenía limpios los senderos. Lo peor del trabajo fue que pasaba horas en los invernaderos donde hacía muchísimo calor. Al final del día siempre me dolía la espalda y tenía tanta sed.

Sergio

Hace dos meses hice tres días de prácticas. Aunque me gusta estar al aire libre, la pasé muy mal. Las jaulas estaban tan sucias y tenía que limpiarlas dos veces al día. Mis colegas no eran muy amables y no me hablaban. Los animales apenas tenían bastante para comer y me preocupaban mucho.

Alicia

Acabo de hacer mis prácticas de trabajo. Hacía más trabajo de lo que esperaba y ni siquiera tenía tiempo para comer. El trabajo era aburridísimo – pasaba horas mirando la pantalla de la computadora, contestando el teléfono. Los clientes eran maleducados y mis colegas estaban tan estresados que ninguno me hablaba.

Mari Carmen

6 Lee otra vez y busca las frases españoles.

1 I kept the paths clean

2 I spent hours in the greenhouses

3 my back hurt

4 the cages were so dirty

5 my colleagues weren't very friendly

6 the animals hardly had enough to eat

7 I've just done my work experience

8 I didn't even have time to eat

9 the work was really boring

10 the clients were rude

7 Escribe un párrafo sobre una experiencia de prácticas de trabajo para uno de los lugares de la Actividad 5 que sobran. Usa los textos para ayudarte.

5.5 El futuro

1 **Escribe frases usando el infinitivo. Da razones. Escribe dos frases nuevas para ti.**

> quiero me gustaría pienso espero me encantaría tengo la intención de

> tomarme un año libre seguir estudiando encontrar trabajo
> ir a la universidad sacar buenas notas trabajar en el extranjero

Pienso tomarme un año libre porque quiero viajar.

1 _____

2 _____

3 _____

4 _____

5 _____

6 _____

7 _____

8 _____

2 **Completa las frases con los verbos en tiempos apropiados.**

1 Si (sacar) _____ buenas notas, (ir) _____ a la universidad. (yo)

2 Si (ir) _____ al extranjero, (tener) _____ que estudiar idiomas. (tú)

3 Si (mejorar) _____ su español, Eliezer (viajar) _____ por América Latina. (él)

4 Si (conseguir) _____ una licenciatura, (ganar) _____ un buen salario. (ustedes)

5 Si (querer) _____ ser médico, (necesitar) _____ hacer prácticas en un hospital. (usted)

6 Si (hacer) _____ un aprendizaje, (buscar) _____ trabajo como mecánicos. (ellos)

3 **Lee y contesta las preguntas.**

> Tengo la intención de seguir estudiando pero todavía no sé que estudiaré. Voy a tomarme un año libre para viajar y decidir lo que voy a hacer.
> **Rafaela**

> A mí me interesa hacer un aprendizaje porque no me gustaría ir a la universidad. Quiero seguir estudiando pero a la vez quiero ganar un sueldo.
> **Ariana**

> No espero viajar. Los idiomas me aburren, por eso pienso ir a la universidad para estudiar ciencias. Tendré que sacar buenas notas para ser médico.
> **Máximo**

> Quiero mejorar mi francés y vivir en el extranjero. Pero me encantaría ser artista también. Tengo la intención de hacer una formación profesional y trabajar como diseñador. ¡Ojalá llegue a vivir en Francia!
> **Hugo**

1 ¿Qué va a estudiar Rafaela? _____

2 ¿Qué hará Rafaela en su año libre? _____

3 ¿A quién no le interesa ir a la universidad? _____

4 ¿Qué va a hacer Ariana mientras gana un sueldo? _____

5 ¿Qué no le interesa a Máximo? _____

6 ¿Qué trabajo quiere hacer Máximo? _____

7 ¿Quién quiere vivir en otro país? _____

8 ¿A quién le interesan los idiomas? _____

Practice questions

4 **Hablar: Juego de roles**

> **Estás hablando con tu amigo/amiga sobre los trabajos.**
>
> **Estudiante:** Tú mismo/misma
>
> **Profesor(a):** El amigo/La amiga
>
> El profesor/La profesora empieza el juego de roles.
>
> Responde a todas las preguntas.

5 **Hablar: Conversación**

> El profesor/La profesora empieza la conversación.
>
> Responde a todas las preguntas.

6 **Escribir**

Las prácticas de trabajo

Escribe un email a tu amigo/amiga español(a) sobre las prácticas de trabajo y tus planes para el futuro.

- ¿Dónde hiciste las prácticas el año pasado?
- ¿Qué es lo bueno de las prácticas? ¿Y lo malo? Explica por qué.
- ¿Qué vas a hacer este año?
- ¿Que planes tienes para el futuro?

Escribe 80–90 palabras **en español**.

_____
_____
_____
_____
_____
_____
_____
_____
_____
_____
_____

> When you read your completed answer to the written task, always check that you've covered all the bullet points in the question. You can tick them off as you read through.

6.1 Fuimos de viaje

1 **Pretérito o imperfecto? Elige la opción correcta.**

1 **Llovió / Llovía** mucho esta mañana en todo el país.

2 **Hacía / Hizo** demasiado calor toda la semana.

3 Anteayer **había / hubo** una tormenta increíble. ¡Qué susto!

4 **¿Nevaba / Nevó** cuando saliste?

5 Por las noches **hizo / hacía** frío.

6 El cielo **estuvo / estaba** despejado con temperaturas muy bajas.

7 A veces **había / hubo** niebla.

8 Por la primera vez esta mañana **había / hubo** escarcha en la costa.

2 **Lee el blog de Susana y elige las cinco frases correctas.**

1 Susana pasó dos meses viajando por América del Sur. ☐

2 Visitó tres países: Ecuador, Perú y Colombia. ☐

3 Hubo una tormenta en las montañas de Colombia. ☐

4 No se podía subir a las montañas. ☐

5 El Parque Nacional Sangay se ubica en Perú. ☐

6 A Susana le gustó la visita guiada. ☐

7 No vive nadie en el parque nacional. ☐

8 Lima es una ciudad tranquila con poca gente. ☐

9 Los anticuchos son una comida típica de la capital de Perú. ☐

10 Susana pasó un día en la costa. ☐

11 A Susana no le gusta el calor. ☐

12 Susana fue a una playa vacía. ☐

El verano de mis sueños

El verano pasado tuve la oportunidad de pasar seis semanas viajando por América del Sur. Visité tres países: Ecuador, Perú y Chile. Quería ir a Colombia también, pero hubo una tormenta terrible que provocó inundaciones en las montañas y las rutas estaban cerradas.

Empecé el viaje en Ecuador, donde visité el Parque Nacional Sangay. Hay tres volcanes en el parque y muchos bosques y animales en peligro de extinción. Hice una visita guiada muy interesante y aprendí mucho sobre la gente que vive allí.

Después fui en avión a Lima, la capital de Perú. Es una ciudad muy animada con mucha gente y ruido. Comí la comida típica de Lima que se llama anticuchos. Consiste en carne asada a la parrilla con chile y vinagre. ¡Qué rico!

Finalmente, viajé durante 15 horas en bus hasta Chile. ¡Qué viaje tan largo! Pasé una semana en la costa en Puerto Viejo. Hacía muchísimo calor y había poca sombra pero a mí me gustan las temperaturas altas. Me bañé en el mar y me tumbé al sol. Un día alquilé una moto y fui a una playa tranquila donde no se veía a nadie. Fue un viaje inolvidable y espero volver algún día.

3 **Túrnate con tu compañero/a. Pregunta y contesta sobre el blog de la Actividad 2.**

- ¿Te interesa ir solo/a a América del Sur?
- ¿Por qué (no)?

→ Gramática: A1 *pretérito/imperfecto* SB p. 231

6.2 ¿Qué tipo de vacaciones te gustan?

1 Lee el folleto y escribe los títulos en el lugar apropiado.

1

Ciudad La Hermosa es el destino turístico para todos. Tenemos playa, montaña, buen clima y gente acogedora. ¿Le gustan las compras? Venga a nuestros mercados callejeros con varios objetos a buen precio. ¿Le gustaría probar comida rica, pescado fresquísimo, con un buen surtido de frutas y verduras cultivadas en pueblos cercanos? Nuestros restaurantes y cafeterías le ofrecen los mejores platos del país.

2

Para los amantes de la aventura no deben faltar las montañas. Podrá esquiar o hacer senderismo por un paisaje maravilloso. Subirá a las montañas en el teleférico recién construido. Lo transportará mil metros en pocos minutos con vistas panorámicas inolvidables. Nuestros guías locales lo ayudarán a conocer las montañas y a descubrir lugares escondidos.

3

¿Prefiere tumbarse al sol en una playa hermosa con vistas al mar? Cada día limpiamos las playas de madrugada para ofrecerle una experiencia inmaculada. Si prefiere unas vacaciones con acción, hay una gran oferta de actividades: windsurf, paravelismo, kitesurf, y mucho más.

4

¿Le gustaría visitar museos y ver monumentos? El centro histórico de la ciudad ofrece al turista unos edificios antiguos de gran interés. Además, tenemos el Museo de Arte Contemporáneo, diseñado por la arquitecta más famosa de nuestro país.

Ciudad Hermosa: le prometemos unas vacaciones inolvidables para todos los gustos.

No solo sol y mar   Cultura para todos   Por las nubes   El destino perfecto

2 Lee el folleto otra vez y busca los sinónimos.

1 tiempo   _____
2 agradable   _____
3 no tan caro   _____
4 variedad   _____
5 no muy lejos   _____
6 no incluir   _____
7 poco conocidos   _____
8 acostarse   _____
9 por la mañana temprano   _____
10 viejos   _____

3 Túrnate con tu compañero/a. Pregunta y contesta sobre el folleto de la Actividad 1.

- ¿Dónde se puede ir a comprar?
- ¿Qué se puede comer?
- ¿Qué te interesa más?

4 **Elige los adjetivos apropiados.**

1 Hay muchas actividades deportivas **cada / mismo / vario** día.

2 No sabe hablar **otro / otras / otros** idioma.

3 Preferimos ir al **mismos / misma / mismo** lugar en el verano.

4 Ofrecen **varias / mismas / otros** excursiones.

5 **Todos / Otros / Varios** los hoteles están llenos. ¿Qué vamos a hacer?

6 El guía me dijo que hay **varias / varios / vario** monumentos históricos en el centro.

7 ¿Me puede traer **todo / otro / cada** tenedor?

8 **Cada / Todo / Mismo** año vamos a visitar a mi abuela.

5 **Lee sobre las preferencias de vacaciones de Alberto. Elige la oferta adecuada para él y escribe por qué.**

Lo más aburrido para mí son las vacaciones culturales. No me gustan nada los museos ni las galerías. ¡Qué aburrido! Me gustan las vacaciones activas, pero no puedo soportar el calor. El año pasado fuimos a la costa y hacía demasiado calor, no podía hacer actividades en la playa como el paravelismo o el *surf*. Pasé todo el tiempo en la habitación con el aire acondicionado. Cada día mi familia salía a la playa o a la piscina para tumbarse al sol.

Hotel Sol y Mar
Al lado de la costa mediterránea, disfrute de nuestras actividades en la playa para los días soleados y calientes.

Trekking África
Un viaje inolvidable a la cima del Kilimanjaro seguido de una semana de sol y descanso en las playas de la costa atlántica.

Cursos de esquí para todos niveles
Andorra te ofrece los mejores cursos de esquí, bien para iniciarte en el deporte o para perfeccionarte. Hoteles al pie de las pistas para no perder tiempo.

La Tarjeta Cultural
Le ofrecemos la entrada combinada a nuestros museos con la Tarjeta Cultural. Cuatro museos a un precio mucho más económico.

_____

6 **Túrnate con tu compañero/a. Pregunta y contesta sobre las vacaciones que prefieres. Usa la información de las Actividades 1 & 5 para ayudarte. Apunta los detalles.**

● ¿Qué te parece el Trekking África/la Tarjeta Cultural/los cursos de esquí …?

● ¿Te gustan las vacaciones activas? ¿Por qué (no)?

● ¿Te interesan las vacaciones culturales? ¿Por qué (no)?

7 **Escribe un párrafo sobre lo que le gusta y no le gusta a tu compañero/a usando tus apuntes de la Actividad 6.**

_____

_____

_____

_____

_____

6.3 ¿Dónde nos alojamos?

1 Lee el sitio web. En tu opinión, ¿cuál es el alojamiento más caro? Busca en un diccionario las palabras que no puedas descifrar.

Las ofertas de la semana

1 Pensión Cruz

Habitaciones dobles o individuales con o sin baño. Desayuno incluido. Dos habitaciones familiares para cuatro personas. Situada en el centro de la ciudad a cinco minutos de la estación de tren. Precios bajos.

2 Camping Bon Sol

Estamos abierto todo el año. Una variedad de espacios de tamaños diferentes y acampada libre para las tiendas. Tenemos un supermercado, una pizzería y una piscina climatizada. A 15 minutos de la costa.

3 Apartamentos Bellasvistas

Nuestro conjunto de apartamentos le ofrece todas las comodidades hogareñas: cocina, sala… Algunos tienen balcón también. Desde una hasta cuatro personas a precios razonables. En el centro mismo de la ciudad, a diez minutos andando de los museos y monumentos.

4 Hotel San Remo

Nuestro hotel de cinco estrellas en la tranquilidad de las afueras de la ciudad le ofrece habitaciones individuales y dobles de lujo. Todas con aire acondicionado, wifi gratis y televisión. Tenemos dos piscinas climatizadas, una de ellas al aire libre, un gimnasio y un sauna: todo ello gratis para nuestros clientes. Jardines bonitos para descansar. Disfrute de nuestros tres restaurantes.

5 Hostal Don Carlos

Nuestro pequeño albergue rural en pleno campo tiene cuatro habitaciones: dos para seis personas y dos para ocho. Jardín y terraza con barbacoa. Aire acondicionado y cocina. Ven disfrutar de la paz rural a precios económicos. Bicicletas disponibles.

---

2 Lee el sitio web otra vez y elige la opción correcta para cada persona.

Sara: Al final del curso, vamos a hacer un viaje en grupo. Somos diez y queremos relajarnos en algún sitio tranquilo. Nos gustaría montar en bici o hacer senderismo.

_____

Xavi: Este verano voy de vacaciones con mi familia. Somos cuatro y, como tengo alergias, preferimos cocinar nosotros. Nos interesan unas vacaciones culturales en una ciudad.

_____

Daniel: Acabamos de comprar una caravana y vamos a hacer un recorrido largo por el país. Empezaremos en la costa y buscamos un sitio donde se pueda comprar, cenar y relajarse.

_____

3 Túrnate con tu compañero/a. ¿Qué alojamiento prefieres y por qué?

4 Lee y completa el correo electrónico. ¿Qué alojamiento de la Actividad 1 quiere reservar Jordi?

podría   saber   alojamiento   hasta   cama   ambas   individual   gratuitos   decir   quisiera

Estimados señores

1 _____ reservar dos habitaciones: una con una
2 _____ doble y otra con una **3** _____ para tres
noches, desde el 5 **4** _____ el 8 de julio.
¿Me **5** _____ confirmar el precio del **6** _____ para
estas fechas? ¿Me podría **7** _____ si las piscinas están
8 _____ al aire libre? También quisiera **9** _____ si
la sauna y el gimnasio son **10** _____ para los clientes.

Los saluda atentamente

Jordi Ríos

5 Completa las frases con los pronombres posesivos correctos.

1   ¿Dónde está tu celular? (mine) _____ está en la sala.

2   Nuestra habitación es más pequeña que (theirs) _____.

3   El hotel no tiene aire acondicionado pero (yours pl.) _____ sí lo tiene.

4   No tenemos bicicletas. ¿Nos puedes prestar (yours sing.) _____?

5   Tus maletas son menos viejas que (ours) _____.

6   ¿Tu número de teléfono es el 00 88 77 151? No, no es (mine) _____.

7   Perdí mis llaves. ¿Son estas (yours formal) _____?

8   Esta toalla es (mine) _____ y aquella es (hers) _____.

6 Escribe un correo electrónico para reservar sitio en uno de los alojamientos de la Actividad 1.
Usa el texto de la Actividad 4 para ayudarte. Incluye:

● las fechas

● las personas

● dos preguntas

_____

_____

_____

_____

_____

_____

_____

_____

6.4 De viaje

 1   **Lee el sitio web y contesta las preguntas.**

Consorcio Regional de Transporte

Tu transporte público

Aquí puedes descubrir todo lo necesario para tus viajes, combinando diferentes modos de transporte para llegar adonde quieras.

tranvía

Cinco líneas con 61 estaciones por toda la ciudad, desde el centro urbano hasta las zonas residenciales.

metro

Una red enorme de 12 líneas con más de 250 estaciones: la forma más rápida, cómoda y segura de atravesar la ciudad.

bus

La ciudad cuenta con una red de más 15 000 servicios al día, desde las 6.30 hasta las 23.00. Por la noche, funciona la red nocturna con servicios en la mayoría de las líneas, dos veces a la hora.

tren

La red ferroviaria incluye diez líneas, una de ellas con parada en el aeropuerto, y con servicio las 24 horas. Los trenes interurbanos permiten conectarse con ocho ciudades de la región.

Tarifas

Una gran variedad de boletos y abonos. Haz clic aquí para saber más: boletos y tarifas. Te pedimos disculpas mientras el sitio web está en construcción, por lo que en este momento no es posible reservar boletos.

1   ¿Cuál es el transporte más seguro? _____

2   ¿Qué transporte debes utilizar para llegar al aeropuerto?

_____

3   ¿Cuántas líneas tiene la red de tranvía? _____

4   ¿Qué transporte sería mejor para ir al centro a las dos de la madrugada?

_____

5   Si quieres ir a otra ciudad, ¿cuál sería el mejor forma de transporte?

_____

6   ¿Cuántas veces al día sale un bus? _____

7   ¿Qué modo de transporte tiene más estaciones? _____

8   ¿Se pueden comprar boletos en este sitio web? _____

2   **Lee los diálogos y elige el modo de transporte apropiado de la Actividad 1.**

1 _____   **2** _____   **3** _____

1	**2**	**3**
• Buenos días, ¿lo puedo ayudar? – Sí, ¿me podría decir si hay un tranvía que vaya al centro de la ciudad desde aquí? • ¡Cómo no! ¿Sale ahora mismo? – Pues no, tengo que irme muy temprano, sobre las cuatro y media de la mañana. • Bueno, entonces, sería mejor …	• Buenas tardes. Necesito comprar un boleto de ida y vuelta a Ocho Ríos. – Lo siento, señora, pero los buses solo pasan por la ciudad misma y no salen fuera. • ¡Vaya! ¿No se puede ir a Ocho Ríos en bus? – No, pero hay …	• ¿A qué hora sale el bus para el centro? – El próximo sale en cuarenta minutos. • ¿Cuarenta minutos? ¡Vaya! Voy a llegar tarde … – La estación de … está a dos minutos caminando de aquí. Será más rápido.

3   **Túrnate con tu compañero/a. Haz diálogos usando la Actividad 2 para ayudarte.**

4 Escribe cinco frases usando el superlativo con *lo*, usando un adjetivo y forma de transporte diferente.

| rápido caro cómodo saludable malo |

| ir en metro ir de vacaciones ir en avión viajar en tren ir a pie |

Ir a pie al colegio es lo más saludable porque estás al aire libre.

1 _____

2 _____

3 _____

4 _____

5 _____

5 Lee el texto y elige las opciones correctas.

¡Mi viaje de pesadilla!

Normalmente voy de vacaciones con mi familia, pero hace un mes ellos fueron a visitar a mi abuelo en el campo. Tuve la oportunidad de ir de vacaciones con mis amigos para celebrar el fin de curso. Intentamos pasar una semana en la costa en un hotel de cuatro estrellas, pero solo logramos tres noches debido al tiempo, los transportes y el equipaje. Te contaré la historia …

Primero, fuimos al aeropuerto en tren, pero el tren no llegó a la estación porque otro tren estaba estropeado en el andén. Tuvimos que tomar un taxi. Hubo un retraso de dos horas y llegamos demasiado tarde para el vuelo. Nos dijeron que era el último vuelo del día y tuvimos que quedarnos en un hotel cerca del aeropuerto.

Al día siguiente hubo una tormenta increíble y se cerró el aeropuerto. Por eso tuvimos que ir en bus a otro aeropuerto a unos cien kilómetros …

1 Marisol fue de vacaciones **a** con su abuelo **b** con su familia **c** con sus amigos

2 Pasó **a** una semana en un hotel **b** una semana con su abuelo **c** tres noches en un hotel

3 El tren **a** llegó dos horas más tarde **b** no llegó a la estación **c** se estropeó

4 Llegó al aeropuerto **a** en taxi **b** en avión **c** en tren

5 Su vuelo **a** se retrasó **b** despegó sin algunos pasajeros **c** salió al día siguiente

6 Al día siguiente **a** volvió al aeropuerto **b** salió en bus **c** viajó cien kilómetros a otra estación

6 Escribe el próximo párrafo del viaje de pesadilla de la Actividad 5. Puedes incluir:

- problemas con el equipaje
- el tiempo
- enfermedades
- otros problemas

_____

_____

_____

_____

_____

→ *Gramática: A4 lo + más/menos + adjetivo SB p.128*

6.5 ¡Qué desastre!

1 **Cambia las frases al pretérito perfecto.**

1 Estamos visitando a mis tíos y vamos a montar a caballo.

_____

2 ¿Viste la nueva peli de *La Guerra de las Estrellas*?

_____

3 ¿Adónde fueron de vacaciones?

_____

4 Nunca pierdo un tren.

_____

5 Se rompió el brazo y además se torció el tobillo.

_____

6 Leyeron todos los libros de la casa y no les gustó ninguno.

_____

7 Ud hizo las compras antes de volver a casa.

_____

8 Iré al extranjero y buscaré trabajo.

_____

2 **Lee el mensaje y pon las frases en el orden correcto.**

> Bueno, esto es lo que ha pasado desde mi último mensaje … Primero, ayer dormí tres horas al sol y tuve una insolación. He ido a la farmacia y me han dado una crema y he tomado dos aspirinas para el dolor de cabeza. Esta mañana me he levantado temprano, he montado en bici y he visitado a mis primos que viven cerca de aquí. Hemos pasado dos horas jugando en la videoconsola y después hemos comido una pizza. Hemos bebido tantas sodas que ahora me siento un poco mareado. Tal vez voy a vomitar …

a Tengo un pinchazo, ¿me puedes prestar la tuya? ☐

b ¿En qué puedo ayudarle? ☐

c ¿Qué hora es? Son las siete y media de la mañana. ☐

d ¡Qué cansado estoy! Voy a acostarme un rato. ☐ 1

e Toma dos cada cuatro horas. ☐

f ¡Uf! Me duele el estómago. ☐

g ¿Cuál prefieres, cuatro quesos o chorizo? ☐

h ¡Ay, me duelen los brazos y las piernas! ☐

3 **Túrnate con tu compañero/a. Describe un día de desastres, ya sea en casa o en vacaciones.**

● Me he levantado tarde y he perdido el bus porque no sonó el despertador …

– ¿Y después?

Practice questions

4 **Hablar: Juego de roles**

> **Estás en la oficina de objetos perdidos. Has perdido tu maleta en el metro. Estás hablando con el empleado/la empleada que trabaja en la oficina.**
>
> Estudiante: Tú mismo/misma
>
> Profesor(a):   El empleado/La empleada
>
> El profesor/La profesora empieza el juego de roles.
>
> Responde a todas las preguntas.

5 **Hablar: Conversación**

> El profesor/La profesora empieza la conversación.
>
> Responde a todas las preguntas.

6 **Escribir**

Mis vacaciones

Acabas de volver de tus vacaciones de Navidad. Escribe una carta a tus abuelos.

- ¿Adónde fuiste y con quién?
- Explica lo que hicieron.
- ¿Que te gustó? ¿Por qué?
- Describe lo peor y lo mejor de tus vacaciones.

Escribe 130–140 palabras **en español**.

_____
_____
_____
_____
_____
_____
_____
_____
_____
_____

> **!** Listen carefully for the tenses used in speaking questions. This will help you identify the correct tense to use in your reply.

7.1 ¿En qué te gastas el dinero?

1 ¿En qué gastan el dinero? Lee las frases y completa el cuadro.

1 No recibo nada de mis padres, pero tengo un trabajo de medio tiempo, así que gasto todo mi dinero en las revistas de moda. ¡Me encantan los diseñadores de alta costura!

2 Mi madre me da treinta dólares al mes. Tengo que pagar los gastos de transporte escolar y ahorro lo que sobra. Quisiera comprar un celular nuevo, pero tendré que ahorrar más.

3 Recibo cuarenta dólares al mes de mis padres. Gasto todo en maquillaje: máscara de pestañas, lápiz de labios, base de maquillaje. Quiero siempre estar a la moda.

4 Mis padres me dan trescientos pesos a la semana. Gasto todo en tenis. Me gusta comprar tenis de marca. Ayer compré unos tenis de segunda mano en Internet. ¡Hay muchas gangas!

5 Mi padre me da cincuenta dólares al mes y gasto todo en mi celular. Me gusta descargar juegos nuevos y gasto 25 dólares en la tarifa mensual.

6 Mi pasatiempo favorito es ir de compras y suelo gastar toda la paga en ropa. Prefiero comprar prendas de segunda mano. Puedes encontrar ropa/artículos con mucho estilo y, como no cuestan tanto, ¡puedo comprar un montón!

7 Soy aficionada del Independiente y voy a todos sus partidos. Mis padres me dan dos mil pesos al mes y también trabajo en una heladería dos veces a la semana para comprar las entradas.

8 Gasto todo mi dinero en ir al cine, comer comida rápida e ir a la piscina, ya que me gusta salir con mis amigos los fines de semana. Recibo cuarenta dólares al mes de mis padres.

	moda	deporte	celular	transporte	leer	divertirse	otras compras
1							
2							
3							
4							
5							
6							
7							
8							

2 En grupo. Haz un sondeo sobre la paga. Escribe un párrafo sobre los resultados.

- ¿Cuánto recibes al mes/a la semana?
- ¿En qué te gastas la paga?
- ¿Tienes un trabajo?
- ¿Estás ahorrando para comprar algo?

3 Completa los verbos con las formas correctas del subjuntivo.

	-ar verbs hablar	-er verbs comer	-ir verbs vivir
yo	hable		
tú		comas	
él/ella/usted			viva
nosotros		comamos	
ellos/ellas/ustedes			vivan

→ *Gramática: A3 presente de subjuntivo SB pp. 233–234*

4 **Lee y completa el párrafo con las formas correctas de los verbos. ¡Cuidado, algunos no tienen que cambiar!**

¡Hola! **1** (ser) _____ cinco en mi familia: mi madre, mi padrastro, mis hermanos mayores y yo, Cecilia. Nosotros, todos los hijos, **2** (tener) _____ que **3** (ayudar) _____ en casa para **4** (recibir) _____ la paga. Mi hermano mayor, José, **5** (lavar) _____ el carro y **6** (cortar) _____ el pasto una vez a la semana y mis padres le **7** (dar) _____ 10 dólares a la semana. Mi hermano, Sergio, **8** (llenar) _____ el lavaplatos y **9** (quitar) _____ la mesa todos los días y **10** (recibir) _____ la misma cantidad. En este momento, como solo **11** (tener) _____ siete años, no tengo que **12** (hacer) _____ nada, pero cuando **13** (tener) _____ diez años, **14** (poner) _____ la mesa y **15** (pasar) _____ la aspiradora. ¡Ojalá **16** (recibir) _____ la misma paga que mis hermanos!

5 **Lee el párrafo de la Activity 4 otra vez y contesta las preguntas.**

1 ¿A cambio de qué reciben paga los hijos?

_____

2 ¿Cuántas veces a la semana hace sus tareas José?

_____

3 ¿Qué hace Sergio?

_____

4 ¿Cuánto reciben los hermanos?

_____

5 ¿Cuánta paga recibe Cecilia al mes? ¿Por qué?

_____

6 ¿Qué hará Cecilia?

_____

6 **Escribe un párrafo sobre la paga que recibe y el dinero que gasta Simón.**

Trabajo: niñero 3× a la semana, $5 cada vez
Paga: $80 al mes de su madre
Gastos: celular ($10), ropa de segunda mano ($15), ir a los bolos 1× al mes ($8)
Ahorros: nueva videoconsola
Al futuro: tener nuevo trabajo, más dinero; (ojalá) bastante dinero para comprar celular nuevo

_____
_____
_____
_____
_____
_____
_____

→ *Gramática: A4 verbos SB* pp. 228–234

7.2 ¿Puedo probármelo?

1 **¿Quién habla? Escribe C para el cliente o V para el vendedor.**

1 Me queda un poco grande. ___

2 Los probadores están al fondo, a la izquierda. ___

3 ¿Cómo puedo ayudarlo? ___

4 Me lo llevo. ___

5 ¿Lo tiene en rojo? ___

6 Pase a la caja. ___

7 ¿De qué talla? ___

8 Lo siento, no quedan en talla media. ___

9 ¿Puedo probármela? ___

10 ¿Aceptan tarjetas de crédito? ___

2 **Completa el diálogo. Para 1–5, escribe cada frase en el orden correcto.**

● ¿Cómo puedo ayudarla?

– **1** prima para de busco una la mi falda boda

_____

● **2** tenemos calidad bueno, aquí buena faldas de unas ¿talla qué de?

_____

– 38.

● ¿Qué color prefiere Ud?

– De color anaranjado o blanco. ¿Puedo probármelas?

● **3** ¡no cómo! a están derecha probadores la los

_____

– **4** bien me queda blanca llevo la me

_____

● **5** bien muy pagar caja puede la en

_____

3 **Túrnate con tu compañero/a. Haz diálogos cambiando los detalles de la Actividad 2.**

4 **Elige las formas correctas.**

1 **Estos / Estas / Esta** botas son demasiadas estrechas.

2 ¿Cuánto cuestan **eso / estas / aquellos** gorros?

3 Los edificios de **esta / esto / estas** ciudad son los más grandes que he visto.

4 No me gustan mucho **estos / esto / eso** libros, prefiero **aquel / aquella / aquellas** revistas.

5 **Completa las frases.**

1 (That, over there) _____ celular es de mi hermano menor.

2 ¿Puedo probarme (those) _____ zapatos negros?

3 Lo siento, (that) _____ probador está ocupado.

4 ¿Vas a alquilar (this) _____ apartamento o vas a quedarte en (that) _____ casa de campo?

6 Lee el artículo y contesta las preguntas.

Según un estudio del año 2014, el comercio en línea sigue creciendo en los países de América Latina como México, Perú, Argentina, Chile y Brasil. Hay una variedad de causas para este crecimiento, entre las que se destacan una nueva clase media con más dinero para gastar y la ampliación de la red y la tecnología en esos países.

Hasta ahora, la mayoría de los usuarios en estos países accedían a Internet para jugar, enviar mensajes y chatear en las redes sociales. Pero recientemente, las compras en línea han ido creciendo y un 40 % de los encuestados dice haber realizado una transacción en línea en los últimos seis meses. ¿Qué compran estos nuevos aficionados al Internet? Productos y servicios como música y libros, dispositivos electrónicos como tabletas y celulares, ropa y accesorios. Como nos dice Mariela González Sánchez: 'Hace tres meses compré una tableta y ahora suelo comprar libros y descargar música en línea. Es mucho más rápido y barato. Prefiero comprar la ropa y los zapatos en el centro comercial de mi barrio aunque acabo de comprar unos bluejeans de segunda mano a muy buen precio en un sitio web'.

1 Da una razón para el crecimiento de las compras en Internet.

_____

2 ¿Qué hacía la mayoría de la gente en Internet?

_____

3 ¿Desde hace cuánto crecen las compras en línea?

_____

4 Escribe tres productos que compran los encuestados en línea.

_____

5 ¿Le gusta a la Sra. González hacer las compras en línea? ¿Por qué?

_____

6 ¿Qué compró la Sra. González últimamente?

_____

7 Túrnate con tu compañero/a. Pregunta y contesta sobre las compras, dónde y cuándo compras ahora y lo que harás en el futuro.

- ¿Dónde prefieres comprar?
- ¿Qué cambiará en el futuro?
- ¿Qué compras en línea?

8 Escribe un párrafo sobre las compras en tu país. Pregunta a tu familia y a tus amigos. Busca algunas estadísticas en Internet. Incluye:

- el porcentaje de compras en línea en tu país
- qué prefieres hacer tú
- qué compran tus padres en Internet

_____
_____
_____
_____
_____
_____
_____

7.3 Organizando el tiempo

1 **Cambia el verbo en subjuntivo de las frases al infinitivo, y el infinitivo al subjuntivo.**

1 No revisará el celular hasta que se levante por la mañana.

_____

2 Es necesario que te levantes con suficiente tiempo.

_____

3 Es imprescindible que organicemos mejor nuestro tiempo.

_____

4 Haré las tareas en la biblioteca después de comer.

_____

5 Estudiará hasta acostarse.

_____

6 Es aconsejable hablar con tu profesor si tienes cualquier duda.

_____

2 **Lee el diálogo y elige las tres frases verdaderas.**

● Bueno, Lola, es esencial que hagamos este test ahora mismo. ¿Estás lista?

– Claro, Aitana. Empezamos …

● De acuerdo. Uno, ¿Cuándo planeas mirar el celular esta semana? ¿Nunca, solo el fin de semana, cada día en cuanto te despiertes?

– Pues, solo el fin de semana.

● ¿De verdad? No te creo …

– ¡Vaya! Entonces, cada día al despertarme …

● De acuerdo. Dos, ¿Piensas salir con tus amigos siempre que puedas, todos los fines de semana, cuando no tengas demasiadas tareas?

– ¡Hombre, no lo sé! ¿Qué piensas tú, Aitana?

● Me parece que eres buena estudiante. Bien, finalmente, ¿cómo te relajas, revisando el celular, haciendo yoga, o comprando ropa?

– ¡Ya sabes que el centro comercial es mi lugar favorito!

---

1 Ambas chicas están haciendo el test. ☐

2 Lola no planea mirar su celular antes de desayunar. ☐

3 Aitana no está de acuerdo con Lola sobre el uso del celular. ☐

4 Aitana ayuda a Lola a contestar una pregunta. ☐

5 Lola sale con sus amigas demasiado frecuentemente. ☐

6 A Lola le encanta ir de compras. ☐

3 **Túrnate con tu compañero/a. Pregunta y contesta el test de la Actividad 2.**

4 Lee y elige las formas apropiadas de los verbos.

> Querida Tía Aurora
>
> Estoy muy preocupada porque creo que **1 repruebo / repruebe / reprobaré** los exámenes. Malgasto mucho tiempo **2 reviso / revisando / revise** mi celular hasta que **3 me acueste / acostarme / me acuesto**. Al **4 me despierte / despertarme / me despierto**, tengo que revisarlo. Nunca **5 desayuna / desayunar / desayuno** porque no tengo tiempo y al llegar al colegio tengo tanta hambre que no puedo **6 concentrando / me concentro /concentrarme**.
>
> Todos los días suelo **7 comer / como / coma** una hamburguesa o una pizza. Sé que es importante que **8 hago / haga / hacer** deporte pero no me gustan nada los deportes de equipo.
>
> Por las tardes, no dedico suficiente tiempo a las tareas porque paso dos o tres horas **9 subo / subiendo / suba** fotos y videos a las redes sociales.
>
> ¡Ojalá me **10 poder / puedes / puedas** ayudar!
> Ana Sofía

5 Lee la respuesta al mensaje de Ana Sofía y busca las frases en español.

1 now and again

_____

2 Don't worry.

_____

3 enrol

_____

4 instead of

_____

5 something like that

_____

6 enough

_____

> Querida Ana Sofía
>
> No te preocupes. Necesitas organizar tu tiempo y es imprescindible que no revises tanto el celular. Es mejor que no duermas con el celular en tu dormitorio. Es importante que desayunes, pero no tienes que desayunar mucho: fruta fresca y un vaso de leche sería suficiente. Así no tendrás hambre cuando llegues al colegio.
>
> Para relajarte, puedes inscribirte en una clase de yoga o algo así. Hay muchos deportes y pasatiempos que puedes hacer que no son de equipo.
>
> Al volver a casa por las tardes, puedes divertirte hablando con tus padres o tus hermanos en vez de revisar el celular. También será más saludable salir con tus amigos de vez en cuando. Si hace buen tiempo, ve a la piscina o a un parque. Es esencial que pases tiempo al aire libre.
>
> ¡Qué tengas buena suerte en tus exámenes!
> Tía Aurora

6 Lee el correo electrónico y escribe una respuesta. Usa el texto de la Actividad 6 para ayudarte.

> Espero que me puedas ayudar. Me preocupan mucho los exámenes y paso muchas horas al día estudiando y haciendo las tareas. Nunca salgo con mis amigos y no tengo tiempo ni para cenar con mi familia. Suelo picar algo en mi dormitorio mientras estudio. No hago deporte aunque me encantan los deportes de equipo. Solo duermo seis horas porque siempre estudio hasta que me acuesto.
>
> Antonio

_____
_____
_____
_____
_____
_____

7.4 ¿Te gustó la película?

1 Descifra las palabras cinemáticas. ¿Qué significan en tu idioma?

1 nóticiartrepen _____

2 autorvise _____

3 tofecse plasicese _____

4 neceas _____

5 gaspanrostito _____

6 ungio _____

7 aband sornao _____

2 Empareja las categorías con las descripciones.

efectos especiales ☐   presupuesto ☐   género ☐

duración ☐   protagonistas ☐   sinopsis ☐

1 Trata de una historia romántica de los años veinte en América del Sur. El alcalde de un pueblo pequeño se enamora de una mujer pobre y la historia no sale bien.

2 Mi actriz favorita, Estrella Montera, hace el papel de la joven pobrecita. ¡Qué guapa!

3 No hay ni batallas ni explosiones. ¡Qué aburrido!

4 Es la película más cara de Argentina, aunque me han dicho que la próxima peli del director va a costar aún más.

5 ¡180 minutos! ¡No puedo soportarla!

6 Mira, hay ¡Suéltame! en el cine esta tarde. Me encantan las películas sentimentales.

3 Escribe los detalles de tu película favorita según las categorías de la Actividad 2.

género _____

_____

presupuesto _____

_____

protagonistas _____

_____

sinopsis _____

_____

efectos especiales _____

_____

duración _____

_____

Lee las críticas y decide positiva (P), negativa (N) o las dos (P+N).

No debes perderte la nueva serie de *Tentaciones* de Canal Metro. Los protagonistas son casi todos los mismos de la serie anterior, aunque Mari López no ha vuelto, lo que es una lástima. Vi todos los episodios en dos días. ¡Estoy cansadísima y me duele la cabeza! Pero vale la pena. ¡Exijo que la veas!

Telemana

Acabo de ver la nueva película de Alberto Trastegui, el joven director vasco. ¡Qué pérdida de tiempo! El guion era tonto, ¡no me creí ni una palabra! Había demasiadas referencias obvias y la tensión casi no existía a causa del diálogo absurdo. Carece totalmente de calidad. La banda sonora me hizo daño en los oídos. Les pido que no malgasten su dinero en esta tontería.

BB8

¡Qué episodio tan emocionante de *Los Extraños!* Empecé a llorar y no podía parar hasta que concluyó. Aún quedan dos episodios y te pido que no me digas lo que va a pasar. Los protagonistas son estupendos y el escenario es perfecto. Lo que más me gusta es el vestuario. Quisiera vestirme como Anya, es guapísima. Tenemos que esperar un año hasta que llegue la próxima serie. ¡Qué pesado!

SiempreReal

¿Han visto ya la nueva peli de los hermanos Kurtan? Me gustó tanto su película anterior *Lo que no sabes* y esperaba que esta sería aún mejor. Pues, tiene un guion muy bien construido y los efectos especiales son divertidos. Pero es difícil categorizar: no es ni de terror, ni comedia, ni fantasía. Les recomiendo que vayan a verla para decidir ustedes mismos.

GatosLibres

5 **Busca todas las frases con el subjuntivo en los mensajes y tradúcelas a tu idioma.**

6 **Túrnate con tu compañero/a. Pregunta y contesta sobre las críticas de la Actividad 4.**

- ¿Qué te gustaría ver más? ¿Por qué?
- ¿Qué tipo de película prefieres? ¿Por qué?
- ¿Qué es tu película o serie favorita?

7 **Escribe una crítica de algo que has visto recientemente. Puede ser una serie, un episodio o una película. Menciona:**

- los protagonistas
- lo que más te gustó
- lo malo
- otros detalles

_____
_____
_____
_____
_____
_____

7.5 La tecnología

1 **Empareja las dos partes de cada frase.**

1 Expliqué a mi madre cómo usar las aplicaciones de mapas _____

2 Nos dejan descargar los libros de la biblioteca en línea _____

3 Tus padres quieren _____

4 Su padrastro le prohíbe _____

5 Te prestaré mi diccionario _____

6 Nuestro profesor nos pide _____

7 ¿Les descargo el menú para _____

8 Me ha sugerido que _____

a a fin de que no tengas que comprar una copia.

b que hagamos las tareas antes del fin de semana.

c haga unas prácticas de trabajo este verano.

d que escojan la comida antes de ir al restaurante?

e que continúes tus estudios en la universidad.

f que utilice su celular a la hora de cenar.

g a fin de que no tenga que comprar un dispositivo de navegación.

h para que no gastemos dinero.

2 **Lee los textos. Lee las frases y escribe T (Trinidad), L (Lorenzo) o T & L.**

Ya sé que la tecnología tiene muchas ventajas, pero a mí no me interesa mucho. Tengo un celular muy básico. Solo lo utilizo para poder mantenerme en contacto con mis amigos y mi familia. Prefiero ver la tele con mi familia en la sala de manera que podamos charlar y divertirnos más. Uso la computadora para hacer mis tareas y buscar información en la red. Mis padres no quieren que malgastemos el tiempo mirando las pantallas. Los fines de semana suelo salir con mis amigos y vamos a la piscina o al polideportivo para jugar al básquetbol.

Trinidad

Sí, es verdad, soy adicto a la tecnología. Tengo dos celulares, una tableta, una videoconsola y un portátil en mi dormitorio. Mi aplicación favorita es *Funky Drummer* porque puedo crear música en la batería y subirla a la app para que los miembros la comenten. ¡Qué chévere! Soy miembro de un grupo de aficionados del club de básquetbol San Juan y hemos creado un sitio web. Ya tenemos miles de suscriptores y me encanta pasar un rato charlando en línea con ellos. El Internet es muy útil para las tareas y suelo hacerlas en el portátil porque es más rápido y práctico.

Lorenzo

1 La tecnología es mi vida. _____

2 Prefiero hacer las tareas en la computadora. _____

3 Me gusta hablar con mi familia mientras que vemos la tele. _____

4 Soy creativo y me gusta tocar un instrumento. _____

5 Me interesa el básquetbol. _____

6 No tengo un celular de última moda. _____

7 No paso mucho tiempo en la red. _____

8 Conozco a mucha gente en Internet. _____

3 **Túrnate con tu compañero/a. ¿A quién te pareces más: a Trinidad o a Lorenzo? Pregunta y contesta.**

4 **Hablar: Juego de roles**

> **Estás en tu casa. Quieres comprar unos bluejeans en línea. Estás hablando con tu amigo/amiga español(a).**
>
> Estudiante: Tú mismo/misma
>
> Profesor(a):   El amigo/La amiga
>
> El profesor/La profesora empieza el juego de roles.
>
> Responde a todas las preguntas.

5 **Hablar: Conversación**

> El profesor/La profesora empieza la conversación.
>
> Responde a todas las preguntas.

6 **Escribir**

Organizar mi tiempo

Escribe un email a un amigo/una amiga español(a) para describir cómo organizas su tiempo.

- ¿Qué vas a hacer hoy?
- ¿Cómo organizas tu tiempo?
- ¿Cuánto tiempo pasas al día en los dispositivos electrónicos?
- ¿Qué vas a hacer mañana?

Escribe 80–90 palabras en español.

_____
_____
_____
_____
_____
_____
_____
_____
_____
_____

> **!**
>
> It's really useful and more interesting to be able to talk or write about more than just yourself. Make sure you learn all parts of a verb in order to be able to expand what you can say.

8.1 Caminos a recorrer

1 **Elige las opciones correctas.**

1 1948

    a mil novecientos cincuenta y ocho

    b mil ochocientos cuarenta y ocho

    c mil novecientos cuarenta y ocho

2 1882

    a mil ochocientos veintiocho

    b mil ochocientos ochenta y dos

    c mil ochocientos ochenta y ocho

3 2018

    a dos mil y dieciocho

    b dos mil ocho

    c dos mil dieciocho

4 1994

    a mil novecientos noventa

    b mil novecientos noventa y cuatro

    c mil novecientos cuarenta y nueve

5 2001

    a dos mil uno

    b dos mil y uno

    c dos mil once

6 1765

    a mil setecientos setenta y cinco

    b mil seiscientos sesenta y cinco

    c mil setecientos sesenta y cinco

2 **Escribe las cifras en palabras.**

1 Mis abuelos viven en un pueblo pequeño de solo 100 habitantes. _____*cien*_____

2 Mi hermano va a invitar a 200 personas a su boda este verano. _____

3 Es un vuelo de más de 6000 kilómetros. _____

4 Tengo que escribir dos párrafos de 340 palabras. _____

5 Mi madre ha comprado un portátil nuevo. Le costó 1475 dólares. _____

6 El apartamento cuesta 650 dólares a la semana. _____

7 Hay 1000 estudiantes en mi colegio. _____

8 La montaña tiene 1823 metros de altura. _____

3 **En grupo. Túrnate con tus compañeros/as. Busca información sobre 'los números' de su país: río, montaña, etc. Pregunta y contesta.**

- ¿Cuánto mide el río más largo?
- … kilómetros.

- ¿Cuál es la población de la capital del país?
- … habitantes.

4 **Escribe unas frases sobre los resultados de la Actividad 3.**

En mi país, la montaña más alta mide unos … metros y se llama …

_____

_____

_____

_____

_____

Lee y elige las cuatro frases correctas.

Lo más interesante de América Latina

Hay más de 650 millones de habitantes en América Latina pero ¿sabes cuál es el país más grande del continente? ¿Tal vez México que tiene alrededor de 130 millones de habitantes? ¿O puede ser Argentina con unos 2 780 400 kilómetros cuadrados de superficie? Pues, no. Es Brasil, con un área de 8 516 000 km² y una población de 211 000 000 habitantes. Esto quiere decir que Brasil contiene casi la mitad del total de la tierra de América del Sur y casi el 50 % de los habitantes del continente.

Y, el país más pequeño, ¿dónde está? Es Suriname, al noreste de Brasil, con una población de 560,000, que es igual a una ciudad brasileña que ocupa el número 42 de la lista de ciudades por población de ese país.

Y ¿cuáles son las estadísticas más interesantes de la naturaleza? El río Amazonas es el río más largo del continente y pasa por siete países, incluyendo Perú, Colombia y Brasil. Tiene unos 6990 kilómetros de largo y contiene casi una quinta parte de todo el agua dulce del planeta. La montaña sudamericana más alta mide unos 6960 metros. Se encuentra en Argentina y se llama Aconcagua.

¿Quieres saber más? Ver la página ...

1 Argentina es el país más grande de América Latina. ☐

2 Casi el cincuenta por ciento del continente consiste en un solo país. ☐

3 Casi un tercio de los habitantes de América Latina son brasileños. ☐

4 Suriname es una ciudad brasileña. ☐

5 El río sudamericano más largo se llama Amazonas. ☐

6 El río Amazonas atraviesa tres países. ☐

7 El río Amazonas contiene todo el agua dulce de América del Sur. ☐

8 No hay una montaña en América del Sur más alta que Aconcagua. ☐

6 **Túrnate con tu compañero/a. Lee el texto de la Actividad 5 otra vez. Pregunta y contesta.**

- ¿Cuál es el país más pequeño de América Latina?
- ¿Qué país tiene más habitantes, Argentina o México?
- ¿Dónde está el Aconcagua?

7 **Escribe un párrafo sobre la información de este cuadro. Usa el texto de la Actividad 5 para ayudarte. Incluye palabras como la mitad, un tercio y porcentajes.**

Idiomas indígenas de América Latina (número de hablantes)	
Quechua: 8 900 000	Perú, Bolivia, Ecuador, Argentina, Chile, Colombia
Guaraní: 4 900 000	Paraguay, Bolivia, Argentina
Aymara: 2 800 000	Bolivia, Perú
Quiché: 2 330 000	Guatemala
Náhuatl: 1 740 000	México

8.2 Prefiero estas

1 **Descifra las cosas para una excursión.**

1 ceclatesin _____

2 tenguas _____

3 tsohr _____

4 joler priodevot _____

5 adusdera onc chupaca _____

6 anterlin tornalf _____

7 querasbucho _____

8 taqueach ed mulsap _____

2 **Estás trabajando en una tienda de ropa deportiva. ¿Qué recomiendas a estos clientes? Escribe unas frases, usando *Le recomiendo este ...* (etc.) y *Debe llevar ... porque ...***

1 Este verano voy a pasar una semana en las montañas haciendo senderismo. ¿Qué me recomiendas?

2 Voy a hacer kayak este fin de semana. ¿Qué debo llevar?

3 Vamos a un festival de música en el campo. ¿Qué necesitamos? Ya tenemos una tienda.

1 _____

_____

2 _____

_____

3 _____

_____

3 **Túrnate con tu compañero/a. Haz diálogos usando los datos de la Actividad 2.**

● ¿Cómo puedo ayudarlo/a?

– Voy a las montañas este verano. ¿Qué me recomienda?

● Pues, ¿qué va a hacer?

...

4 **Completa las frases.**

1 No me gusta mucho esta mochila, prefiero (that one over there) _____.

2 Voy a comprar (these ones) _____ porque aquellos tenis son demasiados caros.

3 Su nieto compró este reloj deportivo. (That one) _____ no funciona bien.

4 ¿Has visto las chaquetas? ¿Cuáles prefieres: (those) _____ o (those over there) _____?

5 Necesito comprar un chubasquero. Tenemos (this one) _____ y (that one) _____.

6 Te queda bien ese gorro. No, prefiero (that one over there) _____.

8.3 No olvides el chubasquero

1   **Escribe el infinitivo de estos verbos irregulares imperativos.**

1   Ten   _____

2   Pon   _____

3   Haz   _____

4   No salgas   _____

5   Di   _____

6   No vayas   _____

7   No pidas   _____

8   Sé   _____

9   Ven   _____

10   Sal   _____

2   **Cambia las frases afirmativas a negativas y las negativas a afirmativas.**

1   Pregunta a tu profesor si tienes cualquier duda.

_____

2   Mira el mapa antes de salir.

_____

3   Escribe un mensaje a tu familia.

_____

4   No cambies la bolsa de basura cada día.

_____

5   No te lleves algo de comer.

_____

6   No leas las instrucciones.

_____

3   **Lee el texto. Busca las frases en español.**

Las Normas del Parque

Queremos que disfrutes de la tranquilidad y la belleza de nuestro parque. Aquí te ofrecemos las normas para asegurarte de tener una visita inolvidable.

No dejes basura en ningún lugar excepto en los sitios indicados para el depósito de la misma. Es mejor que te lleves toda tu basura contigo al salir del parque.

No montes tu tienda fuera de las zonas marcadas para acampar.

Deja tu automóvil o bicicleta en el estacionamiento de la entrada. No se permiten vehículos dentro del parque.

No nades ni en los ríos ni en los lagos sin guía oficial.

No se permiten barbacoas. No hagas fuego en ningún sitio. Es muy peligroso.

Ven al centro de información para informarte de las rutas abiertas y las excursiones durante tu visita.

1   We want you to enjoy

_____

2   to ensure you have

_____

3   Don't leave

_____

4   anywhere

_____

5   all your waste

_____

6   Don't put up

_____

7   for camping

_____

8   not allowed

_____

→ *Gramática: A1 & A2 imperativo SB pp. 232–233*

4 Lee el diálogo y corrige los cuatro detalles falsos. Explica por qué son falsos usando el texto de la Actividad 3.

- Tomás, ¿qué te parece hacer senderismo este fin de semana?
- ¿A dónde iremos?
- Al Parque Nacional Ordesa y Monte Perdido. ¿Lo conoces?
- Sí, fui con mi familia el verano pasado. Es muy tranquilo y verde.
- Vamos en bicicleta y tal vez haya rutas para hacer ciclismo.
- ¿Vamos a acampar?
- Sí, por supuesto. Llevamos la tienda y buscaremos algún lugar para montarla. Se puede acampar por todo el parque.
- Hará mucho calor este fin de semana. ¿Vamos a nadar?
- Sí, hay muchos ríos y lagos donde podemos nadar.
- Y ¿qué vamos a comer? ¿Llevamos la comida?
- Sí y una barbacoa para preparar la carne. ¡Qué rico!
- ¿Hay un sitio web? Voy a buscarlo en mi smartphone.

_____
_____
_____
_____

5 En grupo. Busca información sobre uno de estos sitios. Diseña un folleto para los visitantes. Menciona:

- las normas
- lo que se necesita llevar
- algunos consejos para los visitantes

Sitios
Sierra Nevada
Doñana
Teide
Caldera de Taburiente

_____
_____
_____
_____
_____
_____
_____
_____

6 Túrnate con tus compañeros/as. Haz un diálogo sobre tu folleto. Puedes usar el diálogo de la Actividad 4 para ayudarte.

8.4 Espere un momento

1 **Cambia los imperativos informales a formales.**

1 Sal por la puerta a la derecha. _____

2 Baja en la próxima parada. _____

3 Sigue todo recto hasta la Plaza Mayor. _____

4 Deja tu equipaje dentro en la oficina. _____

5 Siéntate aquí un momento. _____

6 No te preocupes, volveré en seguida. _____

7 Apaga la luz antes de salir del apartamento. _____

8 Ven a verme después de la cita. _____

2 **Lee y completa las normas de este apartamento de alquiler.**

> deje   saque   desenchufe   malgaste   salga   cierre   separe   ponga
> llame   haga   permite   apague

Les agradecemos que hayan escogido nuestro apartamento en el centro de la ciudad. Les deseamos una visita agradable y estas normas les ayudarán a mantener nuestro apartamento tan bonito como es.

1 _____ la luz y el aire acondicionado al salir del apartamento. Le rogamos que no _____ la electricidad.

2 No se _____ fumar en ninguna parte del apartamento.

3 _____ los envases para reciclarlos. _____ las botellas de plástico en el basurero verde y las botellas de vidrio en el rojo.

4 _____ los dispositivos electrónicos por la noche.

5 No _____ ruido innecesario después de las nueve de la noche para no molestar a nuestros vecinos.

6 Por seguridad, _____ las ventanas antes de salir.

7 _____ la basura el lunes y déjela en la entrada de la planta baja.

8 Si necesita más información, _____ al 00 22 121 121.

9 _____ limpio el apartamento cuando _____ al final de su estancia.

10 Antes de irse, ponga las llaves en la caja de llaves en la entrada.

3 **Lee las normas de la Actividad 2 otra vez. Marca las frases que son falsas y corrígelas.**

1 El apartamento se ubica en un lugar central de la ciudad.

_____

2 Se puede dejar el aire acondicionado puesto todo el tiempo.

_____

3 Fumar está prohibido en el apartamento.

_____

4 Se debe separar las botellas de plástico y ponerlas en un contenedor rojo.

_____

5 Los vecinos no se preocupan por el ruido.

_____

6 Se puede llamar por teléfono si se necesita ayuda.

_____

→ *Gramática: A1 imperativo SB pp. 232–233*

4 Escribe seis normas para tu apartamento o tu casa que vas a alquilar por la primera vez este verano. No tienen que ser serias. Compara tu lista con la de tu compañero/a.

_____

_____

_____

_____

_____

_____

5 Lee las normas de seguridad de un avión. Busca los verbos en el subjuntivo y explica para cada caso por qué se ha usado el subjuntivo.

> Remember the subjunctive is used:
> - as the imperative form with usted/ustedes
> - after conjunctions of time
> - after verbs of wishing, command, request and emotion

Buenas tardes, señores pasajeros:

En nombre de Iberia, el comandante y su tripulación les damos la bienvenida a bordo de este vuelo 457 con destino a Madrid.

Por motivos de seguridad y para evitar interferencias con los sistemas del avión, apaguen los aparatos electrónicos durante el despegue y el aterrizaje.

Además, mantengan desconectados los teléfonos celulares siempre que las puertas del avión estén cerradas.

Por favor, comprueben que su equipaje de mano esté bien colocado, su mesa plegada, el respaldo de su asiento en posición vertical y su cinturón abrochado.

Les recordamos que está estrictamente prohibido fumar a bordo.

Por favor, presten atención a la demostración de las medidas de seguridad.

En caso de emergencia, tiren de una de las máscaras de oxígeno, aplíquensela sobre la nariz y boca, y respiren normalmente.

Como medida de seguridad les recomendamos que mantengan el cinturón abrochado durante todo el vuelo.

Por favor, lean detenidamente las instrucciones de seguridad que encontrarán en el bolsillo delantero de sus asientos. En caso de duda, por favor consulten a la tripulación.

Muchas gracias por su atención.

1 _____

2 _____

3 _____

4 _____

5 _____

6 _____

7 _____

8 _____

9 _____

10 _____

11 _____

12 _____

8.5 Colaborar y aprender

1 Subraya los verbos en el futuro y cámbialos al condicional.

Iré a un campamento artístico este verano donde tendré la oportunidad de
hacer de voluntario. Ayudaré con las clases de pintura y de fotografía y por eso desarrollaré
mis conocimientos de las artes creativas. ¡Qué chévere! Mis hermanos trabajarán en una
campaña de conservación. Aprenderán a trabajar en equipo y recogerán la basura en
los bosques y en la playa. Además, participarán en un concurso para crear una campaña
educativa. ¡Qué divertido! Mi hermana menor se inscribirá en un campamento deportivo
para mejorar su tenis. Y mis padres se quedarán en casa para relajarse. No estaremos juntos
durante dos meses. ¿Que harás tú este verano?

1 _____   7 _____

2 _____   8 _____

3 _____   9 _____

4 _____   10 _____

5 _____   11 _____

6 _____   12 _____

2 Lee los textos y elige la actividad apropiada para cada persona.

En el futuro me gustaría trabajar para una organización no gubernamental así que me interesaría
contribuir a un proyecto social o trabajar con los sin techo. El verano pasado pasé dos semanas
recogiendo basura en un parque nacional cerca de mi pueblo.

_____ Agustín

Soy muy creativa y me encantaría saber sacar buenas fotos del paisaje. Ya sé que es muy difícil, pero
me gustaría ser fotógrafa. Acabo de comprar una cámara nueva y espero aprender a mejorar mis
conocimientos técnicos.

_____ Elisa

1

Buscamos gente creativa para participar en un campamento de artes escénicas el mes que viene. ¿Quieres tener más confianza en tus conocimientos de tu arte preferido? Para saber más, …

2

El Festival de Reyes busca voluntarios para trabajar en septiembre en este nuevo festival de música a orillas del mar. Recogerás basura, mantendrás limpias las playas y tal vez ayudarás a los grupos musicales. Contáctanos en …

3

Bosques SOS busca jóvenes para participar en nuestro congreso general en agosto. ¿Te interesa el medio ambiente? ¿Quieres saber más sobre nuestro trabajo y aprender a hacer debates con gente parecida? Escribe a …

3 Escribe un párrafo para alguien que se interesa por el anuncio que sobra de la Actividad 2.

_____

_____

_____

_____

→ *Gramática: A1 condicional* SB p. 233

Practice questions

4 **Hablar: Juego de roles**

> **Estás en España. Quieres ir de excursión con tu amigo/amiga español(a).**
>
> Estudiante: Tú mismo/misma
>
> Profesor(a):   El amigo/La amiga
>
> El profesor/La profesora empieza el juego de roles.
>
> Responde a todas las preguntas.

5 **Hablar: Conversación**

> El profesor/La profesora empieza la conversación.
>
> Responde a todas las preguntas.

6 **Escribir**

El club de voluntarios

Escribe un artículo para el sitio web sobre el club de voluntarios de tu colegio.

- ¿Cuándo crearon el club?
- Explica por qué existe el club.
- ¿Alguien les ayudó?
- ¿Cuál es tu opinión sobre el club?
- Describe algunas actividades recientes del club.

Escribir 130–140 palabras **en español**.

_____
_____
_____
_____
_____
_____
_____
_____
_____
_____
_____

> **!** Make sure you're confident with your tenses, and that you use a range of them when you are writing. Test yourself regularly and practise using verbs in all the different tenses you've learnt.

9.1 La comunidad en que vivimos

1 **Completa las frases.**

1 El p_____ más grave es el d_____ entre los j_____.

2 Lo que más me p_____ es la f_____ de t_____ p_____.

3 Me p_____ que haya gente que tiene que d_____ por las c_____.

4 Me m_____ la b_____ por todas partes.

5 El problema más se_____ a mi parecer es el aislamiento r_____.

6 La f_____ de v_____ es muy preocupante.

7 Me fastidian las p_____ en las pa_____ de mi barrio.

8 Me preocupan mucho los a_____ abandonados en la ciudad.

2 **Túrnate con tu compañero/a. Pon los problemas de la Actividad 2 en el orden de importancia para ti. Pregunta y contesta.**

● El problema más importante es la falta de viviendas. Es el problema número uno. ¿Qué piensas?

– No estoy de acuerdo. Me preocupa más el desempleo entre los jóvenes.

3 **¿Quién … ? Lee los textos y escribe los nombres.**

Se acaba de construir un nuevo centro para jóvenes en mi barrio y se necesita gente para pintar murales en las paredes. El fin de semana pasado fui con mis amigos a pasar unas horas pintando en el centro. ¡La pasamos de maravilla! Podíamos pintar lo que quisiéramos, por eso Jaime y yo diseñamos una ventana abierta con vistas al mar. Vamos a volver la semana que viene ya que esperamos crear otro diseño impresionante. **Carlos**

El verano que viene voy a trabajar en un jardín comunitario. Ayudaré a plantar flores y legumbres pero primero, tengo que recoger la basura y los desechos que hay por todas partes. Esperamos crear un espacio limpio y acogedor para los habitantes del barrio, donde no existen espacios verdes en este momento. Disfrutaré de estar al aire libre a la vez que me da la oportunidad de ayudar a mi comunidad. **Esperanza**

Dos veces a la semana voy con mi madre a un refugio para los sin techo. Se abrió hace dos años a causa del aumento de gente que dormían por las calles. En el invierno preparo las bebidas calientes porque hace mucho frío afuera y en el verano, sirvo refrescos. De vez en cuando recolectamos ropa de segunda mano para distribuir entre la gente que la necesita. Creo que es imprescindible ayudar a la gente desfavorecida. **Amyra**

¿Quién …

1 va a trabajar en el verano? _____

2 ayuda a las personas que tienen poco? _____

3 ha trabajado con un amigo? _____

4 va a regenerar un lugar sucio? _____

5 ayuda regularmente? _____

6 quiere volver a ayudar otra vez? _____

4 **Lee los textos de la Actividad 3 otra vez. Elige las cuatro frases falsas y corrígelas.**

1 Se está construyendo un centro de jóvenes.

2 A Carlos le gustó mucho pintar las paredes.

3 Se abrieron las ventanas en el centro para ver el mar.

4 Esperanza va a plantar flores antes de limpiar el jardín.

5 No hay parques en su barrio.

6 Para Esperanza, hay dos ventajas de trabajar en el jardín.

7 Amyra no va sola al refugio.

8 Ha aumentado el número de bebidas que se sirven en el refugio.

9 Se ofrece la ropa de segunda mano a los sin techo.

_____

_____

_____

_____

5 **Ves este anuncio en Internet. Elige una oportunidad que te interesa y escribe un correo electrónico. Menciona:**

- por qué te interesa
- cualquier experiencia que ya tengas

Ofertas de voluntariado

¡Decenas de oportunidades de voluntariado te esperan!

Participa en días de limpieza.

Trabaja en un refugio de animales.

Visita a ancianos en una residencia.

_____

_____

_____

_____

_____

_____

_____

_____

_____

_____

9.2 Ayuda a distancia

1 ¿Perfecto o pluscuamperfecto? Elige las opciones correctas.

1 Cuando se abrió el refugio ya **han llegado / habían llegado** los voluntarios.

2 Al llegar a la casa, vieron que la lluvia no **había causado / ha causado** daño.

3 Es hora de comer. ¿**Has preparado / Habías preparado** el arroz?

4 Cuando llegaron ya **ha salido / había salido**.

5 Vamos a volver a casa porque nos **habíamos olvidado / hemos olvidado** el paraguas.

6 ¿Tienes alguna pregunta? No, me **ha explicado / había explicado** todo.

2 Empareja las palabras con las definiciones.

1 la deforestación
2 el terremoto
3 el huracán
4 las inundaciones
5 la sequía
6 el incendio
7 la erupción
8 la oleada

a una cantidad excesiva de agua
b una sacudida violenta de la tierra
c un tiempo largo sin llover
d la emisión de materia por aberturas de la tierra
e un viento de fuerza extraordinaria
f un golpe de agua causado por el movimiento del mar
g la destrucción de árboles
h un fuego grande

3 Escribe cinco frases usando las palabras de la Actividad 2 con el pluscuamperfecto.

La sequía había provocado incendios después de seis meses sin llover.

_____

_____

_____

_____

_____

4 Lee el artículo y contesta las preguntas de la página 81.

El pasado martes, sobre la una de la tarde, el segundo terremoto en dos semanas sacudió a México. 'Fue el terremoto que más he sentido,' nos dijo Arturo Cifuentes, de 30 años y superviviente de un edificio derrumbado. Murieron al menos 220 personas, entre ellas 94 en la capital. Sucedió el 20 septiembre, el mismo día en el que, hace 32 años, ocurrió la peor tragedia del país: el terremoto que causó cerca de 10 000 muertos en 1985.

Hace solo dos semanas México había vivido el terremoto más grande en 85 años con una magnitud de 8,2. Esta vez, el terremoto fue de una magnitud menor, pero provocó daños más significativos gracias a su proximidad a la ciudad.

Los equipos de rescate, que habían trabajado sin descansar durante largas horas, siguieron buscando supervivientes durante toda la noche a pesar de la falta de luz y electricidad.

→ *Gramática: A1 pluscuamperfecto SB p. 232*

1 ¿Cuándo ocurrió el segundo terremoto? _____

2 ¿Quién es Arturo Cifuentes? _____

3 ¿Cuántas personas murieron esta vez? _____

4 ¿Qué ocurrió en 1985? _____

5 ¿Qué tiene en común el terremoto de 1985 con el del pasado martes?

_____

6 ¿Qué es lo importante del terremoto de hace dos semanas?

_____

7 ¿Cuál de los terremotos recientes causó más daños? ¿Por qué?

_____

8 ¿Qué causó dificultades para los equipos de rescate?

_____

5 **Lee y completa las frases en inglés.**

Cuando me enteré del terremoto, decidí hacer algo para ayudar a los supervivientes. Hicimos un silencio patrocinado en el colegio para recaudar fondos. Toda la clase participó y recaudamos 100 dólares para enviar a las organizaciones no gubernamentales que están trabajando ahora mismo en las zonas más afectadas. **María Jesús**

Como no tenemos mucho dinero, mi familia no podía donar fondos para ayudar a los supervivientes. En vez de donar, organizamos una recolección de mantas, ropa, sacos de dormir y otras cosas que van a necesitar las personas que ha perdido todo. **Alejandra**

Mi padre es bombero y ya ha ido a México a ayudar a los servicios de emergencia. Tiene mucha experiencia de desastres naturales. Hace dos años fue a Guatemala después de las inundaciones, donde pasó un mes buscando a la gente enterrada en el lodo. **Carlos**

1 María Jesús took part in a _____

2 She did it at _____

3 They raised money for _____

4 Alejandra's family is not _____

5 Her family organized _____

6 Carlos's dad is _____

7 He is now in _____

8 Two years ago his dad helped after _____

9 He spent a month _____

6 **Túrnate con tu compañero/a. Habla del artículo de la Actividad 4 y lo que hicieron los jóvenes de la Actividad 5. ¿Qué piensas? ¿Hay otras cosas que se pueden hacer?**

7 **Escribe un párrafo sobre lo que vas a hacer tú para ayudar a los supervivientes del terremoto.**

_____
_____
_____
_____
_____

9.3 ¡Cuida el medio ambiente!

 1 Lee el artículo y busca las frases equivalentes en español.

> ## Los paneles solares ayudan a una comunidad
>
> Maximino Resto Ortiz y su esposa Francisca Ruiz Vega pasaron la noche antes del huracán Irma a oscuras en el barrio Matón Arriba de Cayey, Puerto Rico. Al igual que las otras 66 familias en Brisas del Torito, se quedaron sin luz, electricidad y lo que es más importante, sin acceso al agua con los vientos que precedieron al primer ciclón de septiembre de 2017.
>
> Lo peor era que los 167 vecinos de Brisas, ancianos en su gran mayoría, tuvieron que sobrevivir sin acceso a su acueducto comunitario durante más de cinco meses y medio.
>
> Después de vivir tres meses en condiciones inhumanas, los habitantes de Brisas decidieron intentar a generar electricidad por sus propios medios. En junio comenzaron a ver el fruto de su trabajo cuando inauguraron su propia finca solar que les devolverá acceso al agua, sin verse afectados por la pérdida del servicio de la compañía de luz que les sirve.
>
> Water Mission, una organización voluntaria de acción frente a los desastres con sede en los Estados Unidos, llegó a Brisas del Torito después de haber completado unos 11 proyectos alrededor de la isla desde octubre pasado. Ayuda a la comunidad a organizarse para construir las estructuras necesarias para anclar 100 paneles solares al suelo y proteger el cuadro eléctrico en caso de huracanes.
>
> 'Son 100 paneles solares. Con este interruptor pueden cambiar entre operar con los paneles solares o con la compañía de luz,' explicó el ingeniero electricista a los que visitaban la finca solar por primera vez.
>
> Gracias al nuevo sistema, la comunidad ya ha ahorrado $900 en su factura, casi el 75% de su pago mensual. Con estos ahorros, pagarán el mantenimiento del sistema y comprarán baterías para independizar su servicio de agua de la compañía de luz por completo.

1 in the dark _____

2 like _____

3 neighbours _____

4 to try _____

5 own _____

6 solar farm _____

7 headquarters _____

8 to anchor _____

9 switch _____

10 bill _____

2 Lee y elige las opciones correctas.

1 Maximino y su mujer viven en …

  a la oscuridad   **b** Brisas del Torito   **c** condiciones inhumanas

2 La noche antes del huracán …

  a no había luz   **b** no hubo tormenta   **c** no sobrevivó nadie

3 La comunidad vivió más de … sin agua.

  a tres meses   **b** cinco meses   **c** 11 meses

4 Les ayudó …

  a el gobierno   **b** la compañía de luz   **c** una organización estadounidense

5 Water Mission ha estado activa en la isla desde …

  a el otoño   **b** enero   **c** hace dos meses

6 Brisas del Torito ahora usa …

  a solo la electricidad de la compañía   **b** solo una finca solar

  c la electricidad de la compañía y de la finca solar

3 Túrnate con tu compañero/a. Pregunta y contesta. ¿Qué opinas del artículo de la Actividad 1?

- Es escandaloso que la isla no tenga luz desde hace meses.
- Sí, estoy de acuerdo.
- Se debería …

4 Cambia las frases al negativo.

1 Báñate cada día.

_____

2 Deja encendida la luz por las noches.

_____

3 Enciende la calefacción cuando tengas frío.

_____

4 Pon las botellas en la basura.

_____

5 Conduzca por todas partes.

_____

6 Utilice las botellas de plástico.

_____

7 Compra más.

_____

8 Tira tu ropa vieja a la basura.

_____

5 Túrnate con tu compañero/a. Lee los consejos y dilos de otra manera incluyendo la forma negativa. Inventa otros consejos.

Reduce tu uso de plástico.
Recicla el papel, el vidrio y la ropa cuando sea posible.
Recoge tus pilas.
Utiliza el transporte público en vez del carro.
Apaga la computadora cuando no la uses.
Come menos carne.
Usa una botella reutilizable para el agua.
Lleva tu propia taza a la cafetería.

- No se debe usar demasiado plástico./Se debe reducir el uso de plástico./No uses tanto plástico.

6 ¿Cuál es el problema del medio ambiente que te preocupa más? Escribe 80–100 palabras.

_____
_____
_____
_____
_____
_____

9.4 Problemas globales

1 Lee el artículo. Lee las frases y escribe V (Verdadero), F (Falso) o NM (No Mencionado).

Médicos sin Fronteras es una organización no gubernamental que trabaja en unos 70 países de todas partes del planeta. Se creó en París en 1971 para ayudar a la gente que sufría guerras, epidemias o desastres naturales y no tenía acceso a ningún tipo de asistencia médica. Después de la guerra en Nigeria y el sufrimiento provocado por el hambre, un grupo de médicos, enfermeros y otros profesionales de la medicina se reunieron para crear una organización que ayudara a los que más necesitaban asistencia médica de emergencia.

En 1999, MSF ganó el Premio Nobel de la Paz por su trabajo. Desde entonces MSF ha trabajado en muchos países donde los más pobres están afectados por las enfermedades más graves. Esta organización independiente ofrece ayuda médica a cualquier población sin distinción de raza, religión o política.

1 Médicos sin Fronteras trabaja para gobiernos de todas partes del mundo. _____

2 Se fundó en 1971. _____

3 Es una organización que ofrece asistencia médica. _____

4 Al principio, distribuyó medicinas en África. _____

5 Emplea a mucha gente en una gran variedad de profesiones. _____

6 MSF ganó un premio internacional por su trabajo. _____

7 MSF ha recibido dinero de otras organizaciones. _____

8 No le importan las creencias de la gente a quien da asistencia. _____

2 En grupo, busca información sobre una de estas organizaciones o cualquier otra que te interese.

| Aldeas Infantiles SOS | Amnistía Internacional |

| Manos Unidas | CEAR (Comisión Española de Ayuda al Refugiado) |

- ¿Cuándo se creó?
- ¿Dónde trabaja y con quién?
- ¿Qué hace?
- ¿De dónde recibe dinero?

3 Escribe un párrafo sobre la organización que elegiste en la Actividad 2.

_____

_____

_____

_____

_____

_____

_____

9.5 Somos ciudadanos globales

1 **Elige los adjetivos correctos.**

1 Invité a **algunos / algunas / algún** compañeros a acompañarme a una actividad comunitaria.

2 No le interesa **ningún / ningunos / ninguna** problema global.

3 Acabamos de participar en **algunos / algún / algunas** campañas.

4 Ayudaría a **cualquier / cualquiera / cualquieras** persona que lo necesitara.

5 No hay **algunos / ningún / cualquieras** conflicto en mi país.

6 La organización ofrece asistencia a **algunos / ningún / cualquier** persona que la necesita.

7 ¿Has recogido dinero para **ninguna / cualquieras / alguna** organización no gubernamental?

8 No me preocupa **ningún / cualquier / algunas** desastre medioambiental.

2 **Lee el texto y completa las frases.**

El Parlamento Juvenil de las Comunidades Autónomas es un grupo que promueve la participación de los jóvenes en el proceso legislativo. Damos la oportunidad para compartir ideas y discutir los objetivos más significativos para los jóvenes de hoy en día. Cada verano e invierno convocamos el Parlamento en la capital de una de las comunidades autónomas para celebrar tres días de debates y discusiones, al final de los cuales presentamos algunas propuestas para mejorar la participación de la juventud en la toma de decisiones que les afecten.

Buscamos a jóvenes entre 13 a 18 años. Si te interesa ampliar tus conocimientos de tu región y otros temas, desarrollar tus habilidades de expresión, participar activamente en la vida pública y contribuir ideas para mejorar la vida de los jóvenes de todas partes del país, contáctanos.

dieciocho participa desiste compartir empeorar promueve enriquecer trece afuera
examina alrededor tres rechazar dos

1 El Parlamento _____ la participación de jóvenes e identificar objetivos.

2 Los jóvenes pueden _____ ideas.

3 El Parlamento _____ las ideas significativas para los jóvenes.

4 Se convoca en ciudades _____ del país.

5 El Parlamento tiene lugar _____ veces al año.

6 El Parlamento presenta propuestas después de _____ días de debates.

7 Pueden participar los jóvenes de hasta _____ años.

8 Busca a jóvenes que quieren _____ la vida de los otros.

3 **Túrnate con tu compañero/a. ¿Te interesa participar en un Parlamento Juvenil? ¿Cuáles son los asuntos más importantes para ti? Pregunta y contesta.**

4 Hablar: Juego de roles

Estás en España. Estás hablando con tu amigo/amiga español(a) sobre las actividades comunitarias.

Estudiante: Tú mismo/misma

Profesor(a):   El amigo/La amiga

El profesor/La profesora empieza el juego de roles.

Responde a todas las preguntas.

---

5 Hablar: Conversación

El profesor/La profesora empieza la conversación.

Responde a todas las preguntas.

---

6 Escribir

El medio ambiente

Escribe un artículo para el sitio web de tu colegio sobre cómo cuidas el medio ambiente.

- ¿Qué haces en tu colegio ahora mismo para cuidar el medio ambiente?
- ¿Cuál el problema más importante?
- ¿Cómo puedes solucionarlo?
- ¿Qué vas a hacer en el futuro?

Escribe 80–90 palabras **en español**.

_____

_____

_____

_____

_____

_____

_____

_____

_____

_____

_____

Listen to as much spoken Spanish as you can and then practise your pronunciation by recording yourself reading aloud. Try to sound as authentic as possible.

10.1 En la era digital

1 **¿Ventaja o desventaja? Escribe V o D para cada frase.**

1 Se puede contactar con la familia desde todas partes del mundo. _____

2 Se puede perder horas viendo videos tontos. _____

3 Han cerrado muchas tiendas en mi pueblo por causa del Internet. _____

4 Me gusta descargar música hispánica para mejorar mi español. _____

5 Mi celular está roto y ¡no tengo ni mapa! _____

6 Me quedo en mi dormitorio. Nunca vemos juntos la televisión. _____

7 Vivo en un pequeño pueblo pero tengo muchas amigas en línea quienes comparten los mismos pasatiempos que yo. _____

8 He comprado mucha ropa de segunda mano a precios más baratos que en las tiendas. _____

2 **Lee el artículo y busca las frases en español.**

Hoy en día es mucho más fácil descubrir la música del pasado o de otros países y lenguas. ¿Por qué? Gracias a las aplicaciones que ofrecen la música en continuo. Es más fácil que nunca buscar lo que quieres en línea. Una de las apps más conocidas es Spotify donde puedes escuchar música gratis, aunque tienes que aceptar los anuncios también. Si prefieres descargar la música es necesario contratar un plan y de esta manera no tienes que aguantar la publicidad.

Al mismo tiempo se ha notado un aumento en la venta de discos. Hace solo unos años las empresas que fabricaban los tocadiscos estaban cerrando. Ahora, el vinilo se ha vuelto a poner de moda y los jóvenes vuelven a comprar discos. Lo irónico es que esto se debe en parte a aplicaciones como Instagram, donde los íconos de la tecnología analógica de los años setenta, como Polaroid, ahora se consideran increíbles.

1 nowadays _____

2 languages _____

3 streaming _____

4 easier than ever _____

5 online _____

6 best known _____

7 free _____

8 adverts _____

9 to subscribe _____

10 to put up with _____

11 record players _____

12 has become fashionable again _____

3 **Túrnate con tu compañero/a. Pregunta y contesta sobre el texto de la Actividad 2.**

- ¿Qué piensas del aumento reciente en la venta de discos?
- ¿Tienes un tocadiscos? ¿Te gustaría comprar uno?
- ¿Cuál es tu app favorita para escuchar música?

4 Lee el blog. Lee las frases y escribe V (Verdadero), F (Falso) or NM (No Mencionado).

¡Hola! Soy Maite y vivo con mi familia en Ottawa en Canadá. Somos argentinos y mis abuelos aún viven en Buenos Aires. Somos cinco en mi familia: mis padres, mi hermano mayor y mi hermana menor. Todos utilizamos la tecnología para ayudarnos cada día. Aunque mis abuelos son bastante mayores, tienen varios dispositivos: celulares, tabletas, una computadora. Me encanta hablar con ellos por mensajería instantánea. Lo bueno de la tecnología es que podemos mantenernos en contacto y nos vemos la cara y compartimos videos y fotos.

Mis hermanos siempre utilizan la tecnología para hacer las tareas pero a mi parecer es importante aprender algo sin que tengas que averiguarlo en el Internet todo el tiempo. Lo que me preocupa es que hay algunos sitios web donde puedes comprar trabajos o ayuda con los estudios escolares. Pero, si no haces las tareas tú mismo, reprobarás los exámenes.

1   Los abuelos de Maite viven con sus nietos.   _____
2   La familia de Maite no vive en el país donde nació.   _____
3   A sus padres les gusta mucho utilizar las apps de GPS.   _____
4   Sus abuelos no saben nada de la tecnología.   _____
5   A Maite le parece importante hablar con sus abuelos.   _____
6   Maite piensa que la tecnología tiene ventajas y desventajas. _____
7   Maite nunca descarga la música.   _____
8   Acaba de buscar ayuda en el Internet con sus tareas.   _____

5 Túrnate con tu compañero/a. Pregunta y contesta sobre la tecnología en tu familia. ¿Qué es lo bueno y lo malo de cómo la utiliza tu familia?

6 Escribe unas 100 palabras sobre el uso de la tecnología en tu familia. Usa las Actividades 4 y 5 para ayudarte. Menciona:
- qué tecnología utilizan los miembros de tu familia
- lo bueno y lo malo de la tecnología

_____
_____
_____
_____
_____
_____
_____
_____

10.2 Hacia el futuro

1 **Escribe cada frase en el orden correcto.**

1 las dio me ayer

_____

2 la nos semana enviaron una hace

_____

3 ¡! lo que presto ella claro a se

_____

4 ¿? explicó lo qué por se

_____

5 ofreció cumpleaños mi me la para

_____

6 mostraron hace los nos meses unos

_____

2 **Reescribe las frases usando los objetos directos e indirectos.**

1 ¿Le diste las llaves a tu hermana? _____

2 ¿Me puede enseñar el video otra vez? _____

3 Manda las fotos a tus padres antes de acostarte. _____

4 Va a enviar el celular a ustedes mañana. _____

5 Estoy explicando la historia a mi madre. _____

6 Le dio a su hermana una nueva tableta. _____

7 Me olvidé de dar las maletas a su primo. _____

8 Mañana prestará el carro eléctrico a ti, Juan. _____

3 **Elige la tecnología para cada descripción.**

1 Erradicaremos las enfermedades como la malaria. ☐

2 Se reducirán los gastos de transporte y ayudará a reciclar el plástico. ☐

3 No malgastaremos tanto en medicinas inutilizables. ☐

4 No perderemos tiempo haciendo las tareas domésticas. ☐

5 Viviremos en otros planetas. ☐

6 La contaminación se reducirá porque no usaremos tanto petróleo como ahora. ☐

   a las impresoras 3d   **d** la inteligencia artificial

   b la exploración del sistema solar   **e** la ingeniería genética

   c los robots domésticos   **f** los carros eléctricos

4 **Escribe una solución para los problemas. ¡No tiene que ser en serio!**

1 Desaparecerán los animales domésticos.

_____

2 Habrá demasiados carros.

5 Lee el artículo. Marca las frases que son falsas.

Una visión del año 2050 ...

Los lentes de contacto inteligentes nos ayudarán en todos aspectos de nuestra vida. Si no nos gusta la decoración de nuestro apartamento, los lentes la cambiarán por otra más de nuestro gusto mediante la realidad virtual. Si queremos leer las últimas noticias sin sacar el celular, las descargaremos en los lentes mismos.

¿Tienes hambre? ¿Te gusta la carne? Pues, no será necesaria la matanza de animales. Puedes disfrutar de una hamburguesa artificial, hecha de carne fabricada en un laboratorio. Además, será una hamburguesa más nutritiva que las de ahora, dado que estará llena de vitaminas y grasas sanas.

¿Y dónde pasará todo esto? Pues, en otro planeta, por supuesto. Dentro de muy pocos años, mejorarán las fuentes de energía limpia que permitirán llevarnos más rápidamente al espacio. ¿Te interesa vivir en Marte?

En 2050 ...

1 todos tendremos un estilo de vida más aburrido.

2 no tendremos que decorar nuestras casas.

3 se podrá leer información enviada directamente a nuestros lentes.

4 comer carne estará prohibido.

5 los científicos podrán fabricar carne artificial.

6 la comida será más rica.

7 no se podrá vivir en otros planetas.

8 usaremos energía de manera más eficiente.

6 Lee el artículo otra vez y busca los sinónimos.

1 asistir _____

2 a través de _____

3 novedades _____

4 gozar _____

5 ya que _____

6 ocurrir _____

7 claro que sí _____

8 de prisa _____

7 Túrnate con tu compañero/a. ¿Estás de acuerdo con las predicciones de la Actividad 5?

8 Elige una de las predicciones y escribe un párrafo.

El internet existirá dentro de nuestros cerebros.

Pasaremos las vacaciones en el espacio.

Los árboles generarán la energía.

_____

_____

_____

_____

_____

_____

_____

10.3 Hacia el año 2050

1 Subraya las cifras y escríbelas usando el equivalente en partes o porcentaje correspondiente en cada caso.

1 Casi la mitad de la población mundial vive en ciudades. _____50%_____

2 Más del 30% de gente no tendrá suficiente agua. _____

3 El veinticinco por ciento de las selvas tropicales desaparecerá. _____

4 Es posible que, para 2050, se agoten tres cuartas partes de los combustibles fósiles. _____

5 Las superbacterias llegarán a matar al 10% de la población global. _____

6 Se dan más de 50% de los alimentos cultivados a los animales. _____

7 Una cuarta parte de los animales estarán a riesgo de extinción. _____

8 Debemos dejar en la tierra al menos un décimo del petróleo. _____

2 Lee el artículo y elige las opciones correctas.

¿Qué pasará si no bajan las temperaturas?

Los años 2014 a 2016 fueron los tres años más cálidos de la historia. Desde la Revolución Industrial del siglo diecisiete, la tasa de calentamiento se ha duplicado cada siglo. Para 2020, los científicos predicen que la superficie de la Tierra será más de un 0,5% más cálida de lo que es ahora. Hoy, el planeta es aproximadamente 2,1 grados más cálido que en la era preindustrial. Esto no parece mucho, pero puede causar un gran impacto.

Los países que se han suscrito al Acuerdo de París han acordado que los aumentos futuros no superen los 2,7 grados. Los acuerdos previos se habían establecido en 3,7 grados. ¿Cómo se vería la Tierra si la temperatura aumentara tanto?

Bueno, la falta de agua tendría un gran impacto en el cultivo de cereales como el trigo. El calentamiento de los océanos significaría que habría un menor número de peces y mariscos y, dado que actualmente obtenemos el 20% de nuestra proteína dietética del mar, ello tendría enormes consecuencias para nuestras dietas. Además, el aumento en el nivel del mar debido al derretimiento de las capas de hielo significaría que el 40% de la población mundial que vive cerca de la costa podría ver sus casas destruidas.

1 2020 …

a es uno de los años más cálidos de la historia   b verá un aumento en la temperatura

c forma parte de la Revolución Industrial   d es cuando se firmó el Acuerdo de París

2 se ha duplicado quiere decir …

a la mitad de   b un cuarto de   c un décimo de   d el doble de

3 Un siglo es …

a 10 años   b 20 años   c 100 años   d 1000 años

4 0,5 grados es el aumento de la temperatura …

a desde ahora hasta 2020   b desde hace más de 200 años hasta ahora

c en el Acuerdo de París   d acordado previamente

5 El trigo se verá afectado por la falta de …

a pescados   b proteína dietética   c lluvia   d mariscos

6 La proteína obtenida del mar forma … de nuestra dieta.

a un décimo   b un cuarto   c la mitad   d un quinto

3 Lee el blog y busca las frases españolas.

1 climate change

_____

2 research

_____

3 area

_____

4 controlled burning

_____

5 land surface

_____

6 leaves

_____

7 fuel

_____

8 slow down

_____

> _Beatriz González Miralles es doctora de estudios del cambio climático y trabaja en la Universidad Nacional Autónoma de México. Me habló de su trabajo en la vanguardia de las investigaciones para combatir el calentamiento global._
>
> _Profesora, ¿qué investigaciones está haciendo Ud. ahora mismo para reducir el aumento de la temperatura?_
>
> Bueno, en este momento estoy participando en dos estudios en el ámbito del calentamiento global. Primero, he participado en un estudio que analiza la quema controlada de bosques tropicales como los de Australia, África y América Latina. Las sabanas cubren el 20% de la superficie terrestre del mundo y representan el 70% de los incendios a nivel mundial. Llenan un área de más de 3,3 millones de kilómetros cuadrados. Al establecer deliberadamente incendios pequeños a principios de temporada, en la primavera, cuando el clima es más frío y húmedo, se puede ayudar a prevenir los incendios más grandes más adelante, cuando hay más material seco como hojas y ramas para añadir más materiales combustibles al fuego, por lo tanto, aumentando el daño que se puede causar.
>
> También he trabajado buscando formas de ayudar a frenar la erosión costera restaurando humedales y reintroduciendo especies nativas en el Golfo de México. Los estudios han demostrado que el uso de medios naturales para proteger las costas puede ayudar a reducir el riesgo de tormentas para la gente que vive allí.

4 Lee el blog otra vez y elige las cuatro frases correctas.

1 Beatriz González es estudiante en la Universidad Nacional Autónoma de México. ☐

2 En este momento participa en dos estudios. ☐

3 La sabana contiene árboles que tienen peligro de incendio. ☐

4 Se provocaron involuntariamente incendios en la primavera. ☐

5 Los incendios de la primavera son los más peligrosos del año. ☐

6 Beatriz González trabaja para reducir la erosión costera. ☐

7 Utiliza la tecnología para proteger las costas. ☐

8 La gente que vive en las costas corre el riesgo de sufrir huracanes. ☐

5 Realiza una investigación sobre los temas. Escribe seis frases utilizando el vocabulario.

los bosques tropicales	los océanos	las especies nativas	los huracanes

la temperatura global	las sequías	las inundaciones

la mitad un cuarto 30% más de … entre … y … unos … alrededor de … aproximadamente

_____
_____
_____
_____
_____
_____

6 Túrnate con tu compañero/a. Lee tus frases y anota las frases de tu compañero/a.
Ten cuidado con las estadísticas.

10.4 Si fuera presidente ...

1 Elige los pronombres correctos y traduce los verbos.

Si ...   If ...

1 viviera	(yo)/ ustedes / ellas	_I lived_
2 tuviéramos	él / nosotros / usted	_____
3 estuvieras	tú / ella / él	_____
4 fueran	usted / ellos / yo	_____
5 gobernaran	ustedes / tú / ellos	_____
6 tuviera	ustedes / nosotros / ella	_____
7 compráramos	ustedes / yo / nosotros	_____
8 ofrecieran	yo / él / ustedes	_____

2 Lee el foro y escribe los títulos apropiados.

(Crisis médica)   (Falta de actividades extraescolares)

(Coste alto de la vivienda)   (La desigualdad)   (El transporte público)

1
Ric!88 _____

Pues si yo fuera presidente, hay muchas cosas que cambiaría. Vivo en el campo, en un pueblo bastante aislado, y lo más importante para mí es poder llegar al colegio cada día. Hay solo dos buses al día que van al centro. Si quiero quedarme después del colegio para participar en alguna actividad o practicar deporte, es casi imposible. Mejoraría la red de tranvías para que llegaran a zonas más alejadas de la ciudad.

2
Eli725 _____

Bueno, estoy de acuerdo con Ric!88. Vivo en el centro de la ciudad y es verdad que aquí tenemos una buena red de transporte público. Pero estoy segura de que los gastos de vivienda de mis padres son más altos de los de Ric!88 y su familia. Y que vivimos en un apartamento mucho más pequeño que el de su familia. Si yo tuviera el poder, aprobaría leyes para reducir los gastos de vivienda y para construir más conjuntos y casas a precios más baratos.

3
AtletiFan

_____

A mi parecer, hay cosas mucho más importantes que el transporte público o la vivienda. Es una lástima que la gente siga muriendo de enfermedades que se pueden curar. Me da vergüenza pensar en la falta de hospitales y clínicas en nuestro país. Si yo gobernara, ofrecería becas para que cualquier persona pudiera estudiar medicina en la universidad. Y además aprobaría leyes para reducir el precio de las medicinas.

➜ Gramática: A1 *subjuntivo imperfecto* SB p. 234

3 Lee el foro otra vez y escribe el nombre correcto.

¿Quién …

1 piensa que los gastos de vivienda no son tan preocupantes? _____

2 no puede participar en las actividades extraescolares? _____

3 vive en un apartamento? _____

4 cree que el transporte público de su zona funciona bien? _____

5 cree que hay una falta de enfermeros? _____

6 vive lejos del centro de la ciudad? _____

7 está avergonzado de su país? _____

8 quiere que sus padres tengan gastos más reducidos? _____

4 Completa las frases.

> luchemos   tuviéramos   se erradique   aprobaran   fuera   pongamos

1 Dudo que _____ la pobreza.

2 Me alegro de que _____ por la igualdad.

3 Es posible que _____ fin al hambre dentro de cincuenta años.

4 Fue una vergüenza que no _____ medidas para mejorar el medio ambiente.

5 Preferiría que _____ una sociedad tolerante.

6 Si _____ rico, compraría una casa para mi familia.

5 Túrnate con tu compañero/a. Completa las frases con tu propia opinión. ¡Cuidado! ¿Subjuntivo, presente o imperfecto? Usa las frases de la Actividad 4 para ayudarte.

- Dudo que …
- Me alegro de que …
- Es posible que …

- Fue una vergüenza que …
- Preferiría que …
- Si fuera rico, …

6 Si fueras el director o la directora de tu colegio por un día, ¿qué harías? Escribe un párrafo. Menciona:

- el horario
- las instalaciones
- las asignaturas
- la comida

_____

_____

_____

_____

_____

_____

_____

_____

_____

_____

→ Gramática: A4 *subjuntivo* pp. 233–234

10.5 ¿Qué harás en el futuro?

1 **Cambia las frases a la voz pasiva. Pon atención a los tiempos verbales.**

1 Cristina hace todo el trabajo.

_____

2 El terremoto destruyó el centro de la ciudad.

_____

3 La falta de viviendas provocará un aumento en los gastos.

_____

4 La crisis económica ha afectado a los más pobres.

_____

2 **Escribe frases sobre lo que van a hacer tú y tus amigos usando varias formas del futuro.**

> ir al extranjero   marcharme de casa   abrir un negocio   ir a la universidad
> viajar por el mundo   trabajar de voluntario   tener niños

El próximo verano, voy a ir al extranjero con mi mejor amiga, Ana.

_____
_____
_____
_____
_____

3 **Lee el texto y contesta las preguntas.**

¿En qué quieren trabajar los jóvenes en el futuro?

Hace un mes se publicó una gran encuesta que preguntó a los jóvenes de 10 países de América Latina sobre lo que esperan en el futuro. Más de 10 000 jóvenes fueron encuestados por el Centro de Estudios Sociales de Bogotá. Casi tres cuartos de los encuestados viven en centros urbanos mientras que el género de los jóvenes era más o menos igual entre chicos y chicas.

Al contestar la pregunta '¿Qué tienes la intención de hacer después del colegio?', el 25% de los encuestados respondieron que todavía no tenían planes concretos. Casi la mitad de los jóvenes quería seguir estudiando, ya sea en la universidad o en otro centro de formación. Un diez por ciento espera ir al extranjero y la mayoría de ellos tienen la intención de hacer de voluntario. Los demás piensan en montar su propio negocio o buscar un trabajo cuando terminen los estudios.

1 ¿Cuándo se publicó la encuesta? _____

2 ¿De dónde vienen los encuestados? _____

3 ¿Cuántos jóvenes fueron encuestados? _____

4 ¿Dónde vive la mayoría de los jóvenes? _____

5 ¿Qué proporción de los jóvenes eran chicas? _____

6 ¿Qué quiere hacer un cuarto de los encuestados? _____

7 ¿Cuántos jóvenes piensan continuar en el sistema educativo? _____

4 **Hablar: Juego de roles**

> **Estás en España. Estás hablando con tu amigo/amiga español(a) sobre lo que quiere hacer en el futuro.**
>
> **Estudiante:**   Tú mismo/misma
>
> **Profesor(a):**   El amigo/La amiga
>
> El profesor/La profesora empieza el juego de roles.
>
> Responde a todas las preguntas.

5 **Hablar: Conversación**

> El profesor/La profesora empieza la conversación.
>
> Responde a todas las preguntas.

6 **Escribir**

Problemas globales

Has asistido a una exposición sobre la tecnología del futuro. Escribe un artículo para el foro de jóvenes sobre la exposición.

- ¿Por qué fuiste a la exposición?
- ¿Qué hiciste allí?
- Da tu opinión sobre la exposición.
- Explica los problemas más importantes según tu opinión.

Escribe 130–140 palabras en español.

_____
_____
_____
_____
_____
_____
_____
_____
_____
_____

> **!**
>
> It's a useful skill to be able to express your opinion in a clear and interesting way. Make sure you have a bank of phrases to be able to say what you think of something and don't just repeat the same phrase again and again. Introduce variety with openings such as _Creo que_, _En mi opinión_, _Pienso que_, _Opino que_, _Me parece que_, etc.